栗山英樹

信じ切る力

生き方で運を
コントロールする
50の心がけ

KODANSHA

信じ切る力

はじめに

勝つために問われたのは、何だったか？

さぞやベンチの中で緊張していたのではないですか、と聞かれることがあります。

2023年3月21日（現地時間）、アメリカ・フロリダ州の野球場「ローンデポ・パーク」。日本対アメリカ戦は、第5回WBCの決勝、世界一を決める大一番でした。

実際には、緊張どころか、僕はもう楽しくてしょうがなかった。その場にいることに、とにかくワクワクしていました。

夢だったからです。メジャーリーグ選手を擁するあのアメリカのドリームチームと、日本代表の侍ジャパンが決勝で激突するのです。そこに、監督として居合わせるのです。

僕は、野球人としての最高の幸せをかみしめていました。これ以上のご褒美はないと思っていました。

2021年11月まで北海道日本ハムファイターズの監督を10年間、務めていたこともあり、僕については「監督」というイメージを持っている人が少なくないようです。

しかし、2011年、僕のファイターズ監督就任は大変な驚きをもって迎えられていました。なぜなら僕は、1990年に現役を引退してからは、テレビのキャスターなどを務め、20年以上もプロ野球の現場を離れていたからです。

しかも、僕にはコーチの経験もありませんでした。コーチ経験もなく、20年以上も野球の現場を離れていた人間の監督就任は、日本のプロ野球の歴史でも初めてのことだったのではないかと思います。

1984年から7年間、ヤクルトスワローズに在籍した選手時代も、華やかな実績があるわけではありません。もとより僕は、甲子園にも出ていないし、大学野球で活躍したわけでもない。プロテストを受けてのドラフト外での入団でした。

なんとか入団は叶ったものの、プロの世界はレベルが想像をはるかに超えていて、当時の大きな挫折感は、今もなお忘れられないほどのものでした。さらに入団2年目からは、原因不明のメニエール病とも闘わなければなりませんでした。

1年を通して一軍で過ごした年もありました。規定打席に達しなかったものの、3割を打った年もありました。ゴールデン・グラブ賞を受賞したこともあります。しかし、何か特別な記録に残るようなものがあるわけではありません。

知っていただきたいのは、そんな僕にプロ野球の監督という大役が委ねられたということです。さらには、侍ジャパンという日本代表を率いるチームの監督まで任されることになった。そして、監督としてWBCに挑み、世界一になった。

人生は、何が起きるかわからない。僕自身、本当にそう思います。そして、こういうことは僕にだけ起こるわけではない、ということも僕は同時に思っています。**驚くような未来は誰にでも待ち構えている**可能性が十分にある、と。

２０２３年のＷＢＣで日本はなぜ、世界一になれたのか。そんな質問を、僕はたびたび受けるようになりました。

そして僕自身、人生最高の瞬間をなぜアメリカの地で迎えることができたのか。それを考えるようになりました。

今だからこそ残せることがあるのではないか、という出版社のお声がけがあり、僕の今のさまざまな思いを書き記したのが、本書です。

僕が今、最も伝えたいこと。それは、**「信じる」こと、もっと言えば「信じ切る」ことの大切さを、改めて日本の人に思い出してほしい**、ということです。

その力は、誰かの、そして自分の人生を、さらには世の中を、大きく変えることになると、僕は信じています。

目次

第2章 ダメな自分をどう信じるか

第3章　すべてのことに、意味がある

第4章 「信じ切る力」を育てる日常のルーティン

第5章 相手を、信じ切る

第6章　神様に生き様を認めてもらう

第1章
信じ切るということ

「信じ切る」に至れば、すべての結果に納得がいく

まずは、信じる。いろいろなことについて、僕はそこから始めることが少なくありません。また、「信じている」と言葉に出したりもします。ただ、これはずっと昔から無意識にしていたことで、誰もがする、ごく普通のことだと思っていました。

実は必ずしも普通ではなかった、と改めて知ったのは、北海道日本ハムファイターズの監督になった1年目のことです。

ある主力選手がメディアのインタビューを受けていたのを偶然見たのですが、こんなことを言っていたのです。

「監督が『お前のことを信じてる』とか言っちゃうんですよ。普通、選手に向かって、そんなこと、言わないですよね」

信じていると相手に伝えることを僕は普通のことだと思っていましたが、実はみんながそうではないのだ、と気づいたのは、このときでした。

しかし、僕はその後も選手たちに「信じている」と言い続けました。WBCでも侍ジャパンの代表選手たちに言っていました。なぜなら、本当に信じていたからです。

本当にそう思っているなら、言葉に出したほうがきっと伝わると僕は思っていました。気恥ずかしいとか、かっこつけてるとか、そんなふうに思われたとしても、「信じている」と言葉に出したほうがいいと考えていたのです。

ただ、信じているといっても、やっぱり不安になることもあります。大丈夫かな、と思うこともある。野球のような勝負ごとは、その日の調子もあります。

それでもだんだんわかっていったのは、これこそが勝負の綾《あや》になる、ということでした。最終的に信じ切れるかどうか。どこまで本気で自分がそう思っているか。それこそが問われるのです。だから、僕は信じるし、信じ切る。それを大事にしてきました。

WBCの準決勝、メキシコ戦。9回裏で日本は4対5と負けていました。あと3つアウトを取られたらゲームセット。侍ジャパンのWBCは、そうなったらここで終わりでした。しかし、僕は信じ切っていました。選手たちは、きっとやってくれる、と。

それが負けたあとだったとしても

先頭バッターは大谷翔平《おおたにしょうへい》。メキシコの守護神から気迫のツーベースヒット。翔平はヘルメットを飛ばして二塁まで走りました。そして塁上でベンチに向けて両手を振り上げて鼓舞しました。

続く吉田正尚《よしだまさたか》は四球を選び、これでノーアウト一、二塁。ここで次のバッターは、この日、4打席3三振の村上宗隆《むらかみむねたか》になりました。

村上は、WBCの開幕からずっと不振に苦しんでいました。なかなか結果が出ない。この日も、ノーヒットでした。

後に、「どうして、あの場面で村上を代えるという決断をしなかったのか」とメディアから問われることになりました。しかし、僕は代えませんでした。

忘れてはいけないのは、前年の2022年の日本のプロ野球で、村上はあの王貞治《おうさだはる》さんの年間ホームラン記録を塗り替えていたことです。そして三冠王を取った。あの王さんの記録を初めて抜いた選手なのです。

そんな選手が打たないはずがない。彼がとてつもない努力をしていたであろうことも僕には想像できました。だから、絶対にいつか調子を取り戻して打つと思っていました。たとえ、それが負けたあとだったとしても。

侍ジャパンは勝つことが使命でした。だから、判断は情に流されてはいけない、と心に決めていました。翔平でも代える、と覚悟していました。ダルビッシュ有《ゆう》にも、「初回でランナー溜まったら代えるぞ」と言っていました。ダルビッシュは笑って「代えてください」と言っていました。

もちろん村上も同じです。だから、代える準備もしてあった。翔平が出塁してから、「バントの準備もさせてくれ」とコーチにも言っていました。誰であっても一番勝つ確率の高い選択肢を用意しながら試合を前に進めていたのです。

「最後は誰でやられたら、納得がいくか」

たくさんの選択肢がある中で、監督は瞬時に次の判断をしなければなりません。バッター村上になった場面で、僕の中に浮かんだのは、これでした。

「最後は誰でやられたら、納得がいくか」

それは村上でした。若くして頑張っていて、これから日本を背負うバッター。大会が終わったとき、村上が世界中から評価され、メジャーリーガーの翔平や鈴木《すずき》誠也《せいや》、吉田たちと同じレベルに見られる。僕はそう思ってやっていて、村上にもそんな話をしていました。

点を取れる確率がそれほど変わらないなら、**最後は人**なのです。彼の生き様、そしてそれがもたらしたもの。もし、村上でやられたら、僕は納得がいくと思いました。

「よし、ムネと心中だ」と思ったのです。こいつがやられても、「これしか選択肢がなかった」と思えるかどうかだ、と。

信じてもらえるということの大きさを、僕は知っていました。「さぁ、行ってこい。オレはお前を信じた、お前で決めてくれ」という思いが、いかに大きなものなのか。それを知っていました。

村上が待っているところに、僕は城石憲之《しろいしのりゆき》コーチを送り込んでいました。そして戻ってきた城石にこう伝えました。

「すまない。もう一回、ムネのところへ行ってくれ。『お前が決めろ』と、もう一回、言いに行ってきてほしい」

選手というのは、まわりがバントを準備していたりすると、代えられるかもしれない、という空気をつかんでしまうものです。だから、そのすべてを消させて、覚悟を伝えたかった。僕の覚悟を伝えるという作業が必要でした。

「決めるのは、お前なんだ」ということです。それでも、結果が出るかどうかはわからない。

ただ、意外なことにあの正念場で、僕は案外、ドキドキしていませんでした。「オレはお前と心中だ」と決めていたので、けっこうゆったりしていたのです。

試合を決める、というスターの宿命

監督として選択をして、選手を送り出したとき、「やっぱり違ったかな」と迷うことがこれまでなかったと言えば嘘になります。しかし、あのときは一切それがなかった。「さあ、行け、ムネ」という感じでした。

では、なぜそう確信できたのか。しかも、瞬時に。正直、はっきりとはわかりません。もしかすると、僕は神様と会話していたのかもしれません。

「ここまでこうしてやってきて、この状況でバントは相当なプレッシャーがかかるぞ」

「では、一番、思い切れる形って、何だろう」

「それはお前、ムネと心中すると思って、ずっとやってきたんじゃないか」

「そうか、行くか」

一方で、こんなささやきも遠くから聞こえてきます。

「これ、もし内野ゴロを打ったら、ダブルプレーであっという間にツーアウトになる。この大事な場面、まわりの選手たちも絶対にバントだと思っている。選手たちの納得する形にしてやりたいとは思わないか」

余計なことを考え出す自分もいるのです。それでも最後は「ムネ、お前と心中だ」でした。

「お前でやられたら、オレは納得がいく」

これこそが、決め手だったのです。

「信じ切る力」とは、そういうことだと僕は思っています。**信じている、の一歩先にあるもの**。どこまで本気で自分が信じられるかということ。「この試合に勝つなら、お前が打って勝つはずだ」という思い。

それにしても、スーパースターというのは本当に気の毒です。こういう大事なところで打順が回ってくるのです。他の試合でも、チャンスで村上に回ってきたことが何度もありました。村上自身も「またオレか」と思ったと言っていました。

でも、そういうものなのです。スター選手というのは、試合を決める人たち。それが宿命なのです。だからこそ、それを村上に背負わせたかった。背負わせるべきでした。

結果は皆さん、ご存じの通りです。3球目、村上の打球はセンターの頭上を越えてフェンスを直撃しました。２者が生還して、日本は劇的な逆転サヨナラ勝ち。打った瞬間、全員が駆け出し、ベンチはあっという間に空っぽになりました。チームの誰もが、村上を祝福しました。みんなで喜びを爆発させました。侍ジャパンは、最高のムードで決勝戦に向かうことができたのです。

自分で見て感じたことを信じる

時に常識のようなものは、信じ切る力を揺さぶってくると僕は思っています。だから、常識に縛られてはいけない、と自分に言い聞かせています。常に自分で見て感じたことを大切にしなければなりません。

例えば、大谷翔平という存在、そして「二刀流」が、まさにそうでした。

北海道日本ハムファイターズが翔平をドラフト1位で指名したのは、2012年。僕が監督として最初のシーズンでリーグ優勝を果たした秋のことでした。

実は最初に翔平に会ったのは、僕がまだキャスターをしていた2011年のことです。当時、すでに埼玉西武ライオンズに入団していた菊池雄星《きくちゆうせい》から、「僕よりすごいヤツが母校の花巻東に入ってきた」という話を聞いたのです。

そんなことがあるはずがない、と思っていたのですが、それが翔平でした。その後、ピッチングを見る機会があり、まさに衝撃を受けました。雄星が言っていたのは、これだったか、と。角度といい、ボールの力といい、高校2年生のピッチャーとはとても思えませんでした。

そして、この年の甲子園で見たバッティング。帝京戦で打ったレフトライナーは、バッターとしての能力も間違いないと思わせるものでした。

だから、監督1年目のシーズン途中から、ドラフト1位指名は翔平だと決めていました。ドラフト会議直前の球団内の会議でも、ブレることはありませんでした。まったく迷いがなかった。

それは、**自分の目で見て、自分の身体で感じている「間違いない」**だったからです。監督として報告を受けて映像を見て、「この人」と言うのとはまったく違っていたのです。身体が感じている「これだ」と、評価としての「これだ」はちょっと違うのです。

覚えている人も多いかもしれませんが、翔平は高校を卒業したら大リーグに行く、と宣言していました。しかし、僕は「絶対にファイターズに来てくれる」と信じていました。なぜなら、そのほうがメジャーで活躍する可能性を高められると確信していたからです。

アメリカに直接行くよりも、日本でやってからメジャー契約を取って行ったほうが、間違いなく活躍の確率を高められる。僕は、キャスターの仕事で何度も大リーグを取材していて、そのことに気づいていました。だから、翔平もまた、きっと僕の話をわかってくれると思っていたのです。

「ファイターズに来てほしい」とは一度も言わなかった

もし、翔平が当時、「アメリカにとにかく行きたい」ということであれば、僕はあきらめざるを得ませんでした。しかし、翔平はこう言っていたのです。

「アメリカに行って、大リーグで活躍したい」

それなら大丈夫だ、必ず力になれると僕は思いました。

それでも「ドラフトで指名されても行きません」と言っていた高校生を指名したことは、申し訳ないと思いました。ただ、我々には指名する権利があった。申し訳ないけれど指名をします、というメッセージを出しました。

実はファイターズは前年、他のチームを希望していた投手を指名していました。選手は入団しませんでした。もし、翔平が獲れなかったら2年連続でドラフト1位を失うことになる。普通だったら考えられないことだったと思います。

もちろん球団内には、反対の声も大きかった。でも、僕を含め、ごくわずかな何人かが翔平を信じたのです。

ドラフト指名後、翔平に会うことができた僕は「ファイターズに来てほしい」とは一度も言いませんでした。僕が言い続けたのは、「もし僕が親だったら、翔平にこう伝えたい」という思いだけでした。

アメリカのマイナー事情、日本野球の実情、メジャーで活躍するとはどういうことか。そのためには日本で基礎を身につけ、メジャー契約を取ってアメリカに行くことが最も理想的であり、成功しやすい……。

「大谷翔平のために、ここで勉強しておけ」

僕はキャスターの仕事を通じて、100回以上、アメリカに渡っていました。大リーグのマイナーについてもたくさん取材していた。そこからメジャーに這い上がっていく大変さについても、よく知っていました。

振り返ってみたら、あたかも大谷翔平をアメリカで成功させるために、僕のキャスターとしてのキャリアはあったんじゃないか、とまで思えるほど、僕は大リーグに頻繁に接していたのでした。

まるで野球の神様が、「大谷翔平のために、ここで勉強しておけ」と言っていたようでした。

少なくとも、僕が実体験をもって大リーグを語れたのは事実です。そして、「翔平なら二刀流ができる」とも信じていました。説得力があったかどうかは、翔平本人に聞かないとわかりませんが、僕は**自分で見て本当に感じたことを伝えることができた**。それは大きかったと思います。

翔平はあのときも、何も言わず、じーっと僕の目を見て、しっかり話を聞いていました。うんでもなきゃ、すんでもない。でも、一番大事なとき、翔平はいつもそうやって人の話を聞くのです。

12月9日、翔平が自ら最終決定を下したときは、実は喜びよりも申し訳なさでいっぱいになっていた自分がいました。「日本ではプレーしない」という高校生の宣言を、僕たちがひっくり返させてしまったからです。ただ、僕はそれが翔平のためになると信じていました。

親御さん、花巻東の佐々木《ささき》洋《ひろし》監督や流石《さすが》裕之《ひろゆき》部長にもご迷惑をおかけしてしまいました。これは、結果で恩返しをするしかない、と思っていました。

翔平自身が、どう考えて決断をしたのかはわかりません。侍ジャパンに来てくれたこともそうですが、最後にスイッチが入った瞬間は、翔平にしかわからない。ただ、どこに向かえば自分のやりたい夢に挑めるのか、その嗅覚はしっかり持っていたのだと思います。

どうして理解してあげられないのか

僕は当初から、翔平の二刀流を一度たりとも疑ったことがありませんでした。ただし、環境は心配していました。入団後もプロ野球に携わる多くの大人たちが、こぞって「無理だよ」と言っていたのです。ピッチャーとバッターの両方なんて、できるはずがない、と。こうした環境こそが最大の難敵だと僕は思っていました。

大リーグでも認められ、スーパースターとなった今ではすっかり忘れてしまっている人がほとんどだと思いますが、当初は日本で二刀流に対して、「そんなことができるはずがない」という逆風が吹き荒れていたのです。

僕は「大丈夫か？　まわりの声は」と翔平に聞いたりしていましたが、「え、何のことですか？」と返してくる。そんな反応をいつもしていました。本当に頭のいい子なのです。状況を瞬時に理解してしまう。

実は初めて会ったときは東日本大震災直後だったのですが、親を津波で亡くしたチームメイトがいる中、きちんと気遣いながら適切な対応を取っていることが、とても印象に残りました。野球のことだけでなく、いろんなことが考えられる子でした。

ファイターズでの5年間が終わり、アメリカに渡るときのことです。まわりからの批判もある中での二刀流挑戦について、改めて「翔平、どう感じていた？」と聞いたことがありました。「いやぁ、想定内だったですね」という答えが返ってきました。何を言われるのかもわかっていた。その中で自分がどうやるかだけを考えていたのだと思います。

僕自身は当初、「18歳の少年が壮大な夢に向かって努力しているのに、初めから否定しないでほしい」「理解してあげてほしい」と寂しい思いをしていました。若い子が「これをやってみたい」と思っているなら、応援してあげるべきだと考えていたのです。

ただ、そういうことも翔平はわかっていた。自分の耳に入ってきていると知ると、監督の僕が苦しくなると考えていたのでしょう。僕に気を遣って、そっけない返事をしていたのだと思います。

僕は、できるだけ批判の矛先がこっちに向くように、と意識していました。翔平を壊すことに比べたら、それでクビになるほうがラクだと思っていました。反対意見はあるだろうし、その矛先を向けられるのは、監督であるべきなのです。

ただ、二刀流に懐疑的な人たちは、もしかしたら翔平の本質を知らないだけかもしれないと思っていました。「本当にすごいんです」「本当に両方できるんです」と大声で伝えたかった。

「下半身が疲れたらピッチャーは肩肘に負担がかかって壊れる」など、反対の理由が具体的に挙がってきたときには、それをしっかりとクリアするようにしました。

さて、翔平が本来どんな選手だったか。大リーグでの驚くほどの活躍を見て、今や疑う人は誰もいないと思います。

「なりたい」と「なる」の決定的な違い

「信じる」と「信じ切る」は、「なりたい」と「なる」の違いに似ているかもしれません。WBC決勝のアメリカ戦の前、翔平がみんなを鼓舞したときの言葉は、日本でも大きな話題になったと聞いています。

「憧れるのをやめましょう」

憧れてしまうのではなく、超えるイメージを持たなければ、そこには近づけない。ただ、みんな誰しもそう「なりたい」とは思っています。しかし、野球の世界でも「なる」と言い切れる選手は少ないのです。

そして「なる」となったらどうなるのかというと、**練習が変わってくる**。**毎日が変わってくる**のです。そうならなければいけないわけですから、最低限これはやっておかないといけないな、となる。また、「なりたい」では変われないことがわかれば、日常を変えようとする。

こんなふうになりたいな、でも、しんどいからこのくらいで、とはならないのです。最低限このくらいの技術と、このくらいの練習量をこなしておかないといけない、となる。今日は何をしなければいけないのかが具体的になる。毎日がぶれなくなる。

「なる」選手は、これだけは絶対にやる、というものを持っています。やっぱり「なりたい」選手とは違う。「これだけは命がけでやるんだ」というものがある。

しかし、そのスイッチは自分でしか入れることはできないと僕は思っています。誰に何を言われるまでもなく、「もういいから放っておいてくれ。これだけは絶対にやるから」という状態になるまで、どうやったら持っていけるか。これは、監督として常に考えていたことでした。

人は、**自分が決めたことでなければ、やり切れない**のです。人から「こうしろ」と言われているだけでは、最後の最後、行き切れない。行き切るためには、自分で決めて自分でやらなければいけないのです。

超一流と言われているプロ野球選手全員に、「あなたは誰に野球をうまくしてもらいましたか?」と尋ねて、即答できる人はいないと僕は思っています。ヒントは、誰かにたしかにもらう。しかし、あとは自分で「やり切る」形を見つけてきた選手たちだからです。

苦しみは、必ずしも悪いことではない

僕は、「監督は気づかせ屋さん」という表現をよくしていました。本人は気づく。でも、気づかされている感じではない。実は監督はそう持っていくのだけれど、本人は自分で気づいたと思っている。これが、ベストな形です。

そして気づくとどうなるか。目がキラキラするのです。楽しそうだし、自信を持っているし、話をしていても目が泳がない。顔つきが変わります。自分の形が持てるようになる。自分の信念を伝えてくるようになる。

そんな変化を、監督がどう作ってやれるか。いつも僕は考えていました。これは、ビジネスの世界でも同じだと思います。

若い選手たちに、よく言っていたことがあります。目の前で起こっていることは、嫌なことだったり、苦しいことだったりするかもしれない。しかし、それはマイナスの出来事ではない、と。それを自分がどう捉えるかが、問われているだけなんだ、と。

これは僕自身の実体験でもあります。苦しみは、必ずしも悪いことではない。年を取ると、理解ができるようになる人も多いと思います。

ただ、ごく稀《まれ》に、翔平みたいに子どものときから、こういうことをわかっている選手もいます。絶対に無理、常識的に無理、苦しいし大変だろう、と思うことに対して、翔平はこう考えるのです。

「あ、これをやったら、自分はもう一つ上のステージに行けるな」

しかも、楽しんでそこに挑む。「やっちゃいますか」くらいの気持ちを持っている。

そしてそこでは、結果が出る、出ないは実は関係がないのです。翔平が考えているのは、そこに向かえば、自分の能力がもっと引き出される、という思いだけです。その「場所」に立たなければ、それは引き出されないものだということを彼は知っている。

ステージが人を変えるのです。そのレベルで勝負をしなければ、そのレベルで仕事をしなければ、自分の持っているものは本来わからないのです。

勝てるかどうか、ではなく、勝つ

指導者として、「これをやってもらおう」と思ったとき、「いやいや、僕には無理です」と言う選手がときどきいました。しかし、こういうことがまったくないのが翔平です。

彼は大リーグに行くことを信じていました。しかし、大リーグで結果が出るとか出ないとかは、彼にとっては関係がないことだったと僕は思っています。結果が出るということは考えていない。「僕はそこで野球をやるんです」というだけの話なのです。

普通の人は、できるとかできないとか、結果が出るとか出ないとか、ダメだったらどうしようか、などと考える。しかし、そんなことは一切、関係がない。**やるべきことをやるだけ**なのです。

あとは、何か起きたら、そこで考えて対処すればいい。それだけしか考えてない。

WBCのときも、「絶対に世界一になれる」と信じていた選手の中の一人が、翔平でした。本当に彼は信じ切っていた。

僕は「勝てるかどうか」は考えませんでした。アメリカと10回やれば、7回は負けると思っていました。しかし、勝てるかどうか、ではなかった。心にあったのは、絶対に勝つ、という気持ちだけでした。

勝つか勝たないかは、考える必要はないのです。勝つためにやる。勝つためにこそ、やっていたのです。

「できるか、できないか」から考えない

　これはもしかすると日本人特有のことなのかもしれませんが、すぐに「できるか、できないか」の話をしたがるのです。そういう話を聞くと、僕はよく怒っていました。「できるかどうか、できるかできないか、を考えるな。今できなくたって、まったく構わない。今できなくても、いずれできるようになればいいじゃないか」「いや、オレにはそれはできないです」と聞くたびに、できるできないという発想を、選手の頭の中から消さなければいけませんでした。「いやいや、そういうことを言ってないんで」と。最初から、できるかできないかを考えていたら、何も前には進まないのです。

　一流選手は、「できるか、できないか」を考えていない、という印象があります。それよりも、**こうやりたい、から始まる**。こういうバッティングをしたい、こういうボールを投げたい、こういうプレーをしたい、と考えている。できるかできないか、

からではないのです。

だから子どもたちに話をする機会をもらったら、「できなくていい」「できるか、できないかを考えるな」という話をよくします。それは、野球の世界でやりたいプレーができている選手は、そうは考えていないという僕の学びでもあるからです。

確率だけで物事が語られることもありますが、それも違うと僕は思っています。

WBCに向かうにあたり、本当に近くにいるスタッフにはこう言っていました。

「アメリカと10回戦ったら、3勝7敗だ」

先にも少し書きましたが、10回戦ったら、3回しか勝てないということです。3連戦をやると、1勝2敗ペースで、向こうのほうが力は上。フィフティフィフティとは思えなかった。それが現実でした。

ただ、これが仮に1勝9敗だったとしても、道はあります。なぜなら、WBCは3連戦ではないからです。10回やって勝てる1試合を「1勝9敗」の「1勝」にどう持っていくかだけです。そういう発想で考えたのです。

だから、実は勝つにはこの形しかない、というものが、早くから僕の中にはイメージとしてありました。それは最後、翔平がガッツポーズしている姿でした。そうなってほしい、という思いと、勝つならこうだろうな、というイメージです。

そして、当初はおぼろげだったものが、監督を引き受けて1年半の間に、だんだんと映像としてはっきり現れるようになっていきました。

信じ切らないと何も答えは出てこない

あのスケジュールだと、最後に長く投げられるピッチャーがいるとは思えませんでした。細かく継投して、最後にプレッシャーに強いピッチャーが投げる。勝つにはこれしかないと考えたことに加え、僕は最初から日本全体を巻き込みたいと思っていました。それが大きな力になるからです。

僕自身は、自分のために監督をやっている気持ちは一切ありませんでした。ただ、僕がやるべきことをやり、信じ切らないと何も答えは出てこないのだと思っていました。最後の翔平のガッツポーズでしか勝つ形はない、というのもそうでした。最後のシーンは、あれしかなかったのです。

実のところ、負けてもおかしくない場面はたくさんあった。でも、世の中のためになるから勝たせてもらえたのかな、という感覚が僕の中にはあります。最後は日本のために野球の神様が勝たせてくれたのかもしれません。

ファイターズでの監督時代、パ・リーグには、選手層の厚いチームが他にありました。しかし、プロ野球というのは戦力が充実しているだけでは優勝はできないのです。そして、戦力のあるチームに100の優勝の仕方があったとしても、我々にも必ずいくつかはあると思っていました。実際、そう考えてファイターズは優勝しました。

こんな経験をさせてもらっていたので、「確率だけに頼ってはいけない」という気持ちをいつも持っていました。「それだけに頼っていたら新しいことは生まれない」と。

今の時代、さまざまな計算ができるようになり、確率は簡単に出てくるようになりました。しかし、そうした数字だけに引っ張られてはいけない、と僕は思っていました。**確率もデータも、疑ってかかったほうがいい**のです。

もしかしたら、できたのかもしれない

キャスター時代、南海ホークスで活躍された偉大なホームランバッター、門田博光《かどたひろみつ》さんにテレビ番組に出ていただいたことがあります。僕は初めてこの番組で、収録中に頭が真っ白になるという経験をしました。

門田さんの通算本塁打567本は、日本のプロ野球で歴代3位を誇ります。さぞや、いい体格をお持ちなのかと思っていたら、なんと僕より低いくらいの身長なので

す。そして、高校時代、一本もホームランを打ったことがなかったのでした。

では、なぜホームランバッターになれたか。「オレは朝までバットを振った」と門田さんは言い、僕にこう問うたのです。

「栗山くんは、現役時代、ホームラン打つの、あきらめなかった?」

衝撃でした。僕は、たしかにあきらめたのでした。僕の強みの一つは足の速さでした。それを活かそう、そのほうが試合に出られると勝手に思っていたのです。門田さんは続けました。

「オレ以上にバットを振っていたら、栗山くんはもっとホームランを打てたかもしれませんよ。それこそ500本とか」

頭が真っ白になったのは、このときでした。僕は思いました。

「本当にそうかもしれない。この世界で生き抜くために、足を活かしたほうがいいとか、ゴロを打てば塁に出られるとか、そんなことばかりを考えていた」

門田さんは毎日、朝4時、5時までバットを振ったそうです。僕もバットは振っていました。でも、そこまでは振っていませんでした。突き抜ける人は、やはり違ったのです。

だから、僕ははっきり言います。野球の世界もそうですが、ビジネスの世界でも、

大事な期間は時間なんて忘れて必死に働くから、一流になれるのです。働き方改革は必要なことではありますが、そういう面は間違いなくあると思うのです。

楽しく働くことも大切でしょう。でも、楽しいだけでは、追い込めない。追い込まれるからこそ、気づけることがあるのです。そして、ある時期は、そういうことをやるべきなのです。スポーツでも、ビジネスでも。一流を目指すのであれば。

今にして思うと、「できるできない」で考えてみたら、僕の監督就任も奇跡のような話でした。子どもの頃から、自分がプロ野球の監督になるなんて1パーセントも思っていませんでした。監督というのは、スター選手がなるものだと思っていたからです。でも、僕は監督になるチャンスをもらった。しかも、日本代表の監督のチャンスももらった。

「そんなの絶対に無理」と感じている人には、僕のようなケースを面白がってほしいと思います。スター選手でもなく、大きな実績も残せなかった僕が、自分の好きなことをやれたのです。しかも、世界最高の舞台で。

時代は変わった、ということもあるのかもしれません。誰よりも野球が好きだった、ということが大きかったのかもしれません。

いずれにしても、神様は、面白いことをするのです。

「いい勘違い」と「ダメな勘違い」

勘違い、というと、あまりいいイメージを持たれないこともあるかもしれません。でも僕は、「いい勘違い」もあると思っています。

僕自身、甲子園も経験していないし、大学はプロの世界ではまったく無名といっていい東京学芸大学。そこから僕はヤクルトスワローズのプロテストを受け、テスト生として入団したのでした。

しかし後に、プロをたくさん輩出していた東京六大学の野球部に所属していたものの、プロにはならなかった人と親しくなり、こんなことを言われたのでした。

「クリさん、東京六大学に来ていたら、絶対にプロに入っていないと思いますよ。だって、六大学にいたら、プロに行く人のレベルがわかるから。まわりにそういう人がいなかったから、プロになろうなんて、バカなことを考えたんですよ」

たしかにそうだな、と思いました。東京六大学に入って、プロに行く人のレベルを見ていたら、僕はあきらめていたかもしれません。**僕は完全に勘違いをしていたのです**。でも、勘違いをしたおかげで、ヤクルトに入った。

勘違いをしていなかったら、プロテストも受けていません。でも、受けなかったら、ヤクルトの一軍で試合に出ることもなかったし、後に監督をすることもなかった。翔平や斎藤佑樹《さいとうゆうき》、中田翔《なかたしょう》など多くの素晴らしい選手と出会うこともなかった。彼らと一緒に野球をやるという、最高の経験は積めなかった。侍ジャパンの監督をすることもなかった。プロテストを受けたことは、「いい勘違い」だったと思うのです。

それこそ子どもの頃から大人になり過ぎてしまい、自分の力を変に客観視してしまうと、夢をあっさりとあきらめてしまうようなことになりかねません。もし僕が大学時代、自分をもっと客観視してしまっていたら、プロには行かなかったと思うのです。「自分なんて、プロでは通用しないんだ」「プロテストなんて、受けるような立場にないんだ」と思ってしまったら、後の僕の野球人生はありませんでした。

ただ、実際には、僕はヤクルトに入った後、愕然とすることになったのも事実です。プロ野球選手になるという夢は叶ったけれど、それは地獄の始まりでもありました。

「プロの世界はすごい」などと思ってはいけない

同期入団した7人の中には、後にヤクルトを代表する選手となり、1年目から活躍する選手もいました。僕はそれまで一人もプロを輩出したことがない大学の出身。個人的にも、これといった実績はありません。1年目のルーキーの中でも、実力的に最下位なのは明白でした。

もちろん、心の中では「全員が自分と同じ人間だ、練習さえすれば」と思いました。しかし、そんな思いは、初日にあとかたもなく打ち砕かれることになります。「こいつらは本当にすごい」と思わざるを得なかったからです。

そんな経験を持っていたので、現役を引退してからは、僕と同じように感じている若い選手はいないか、注意をしていました。キャスター時代、取材で会った新人選手にも、「とにかく、まずは自分だよ。まわりは関係ないよ」などとアドバイスしていました。

「プロの世界はすごい」などと思ってはいけないのです。最初から、「こいつらすごい」と思うと、気持ちが引いてしまうのです。自分を勝手に下に見てしまう。それでは、力は発揮できない。まず、自分でやりたいようにやったほうがいい。それは、自分の失敗体験からわかったことです。

むしろ、勘違いしっぱなしのほうが、僕には良かったのかもしれません。そうすれば、地獄を味わうこともなかった。「いい勘違い」は持ち続けていい、ということです。もちろん性格にもよるのかもしれませんが、**勘違い同士が競ったら、大変なレベルになっていく**かもしれないとも思います。

才能だけで生きていくのは危険

一方で、「ダメな勘違い」もあります。僕は子どもの頃から運動能力が高かった。学校の運動会でも、突出して足が速いことは自覚していました。リレーでかなり離されていても、追いついて抜いてしまうこともありました。野球もやっていましたが、おそらく子どもの頃はそれなりにうまかったのだと思います。

ただ、これではいけないと思ったのでしょう。父親は僕に厳しかった。みんなに褒められたら天狗になる。「ダメな勘違い」をしてしまいかねない。だからでしょう、野球チームでは父親が監督をしていましたが、僕が最も厳しく叱られていました。

運動以外でも厳しかったことを覚えています。兄の友達を呼び捨てにしたりしたら、これまたこっぴどく叱られました。「くんづけをしろ」と。おかげで、上の人に対してちゃんと接するという意識がしっかり生まれたのだと思います。

父の思いは、「勘違いするな」だったのだと思います。お前が偉いわけじゃないんだ、と。それは、ありがたいことでした。自分が親なら、子どもには人に対してちゃんとしてほしいと思うからです。

やはり社会を生き抜くために、これはとても大事なことなのです。人が友達になってくれる、仲間になってくれる、認めてくれる。社会と調和が取れる。おそらく勉強ができるとか、運動ができること以上に大事なことでしょう。

ただ、こういうことがわかっていても、**「人間誰しも勘違いする」**と人生の先輩方は言われます。起業家も経営者も、必ずその落とし穴はあるのだ、と。ただ、人間にはそういう瞬間があるのだけれど、それはいけないと気づける瞬間もある。これこそが大事なのだと僕は思っています。

人生、最後まで天狗でいられる人はいません。どこかで鼻をへし折られるのです。だから、才能だけで生きていくことは実は危険だと僕は思っています。あとには、苦労しか残らない可能性があるから。そのことに早く気づけるかどうか、が問われるのです。

誰かに信じてもらえることで生まれるパワー

信じることを僕が大切にするようになったのは、僕自身のプロ野球人生のスタートが大きく影響しています。誰かから信じてもらえたことが、どれほど大きなパワーを生むか、僕はそのときに実体験で知ったのです。

ヤクルトスワローズへの入団前の合同自主トレの初日、僕は衝撃を受けることになりました。同期の新人選手たちのプレーの速さ、力強さ、正確さ。キャッチボールでさえ、レベルの違いを感じさせられました。

しかし合同自主トレには、一軍の主力選手はいません。プロの舞台で活躍しているのは、もっともっとすごい選手なのです。練習メニューを消化していくたび、僕は恐怖を覚えるようになっていきました。

身体に力が入り、基本的なプレーすら、うまくこなせなくなってしまいました。

「自分は落ちこぼれだ。この場所にいちゃいけない人間なんだ」

精神的に追い詰められていきました。そして強い挫折感を持ったまま、春季キャンプを迎えることになります。もはや、キャッチボールさえもまともにできなくなってしまったのです。

精神的なものが原因で、スポーツの動作に支障を及ぼす「イップス」という運動障害に陥ったのでした。

大学時代は楽しかった。勉強し、遊び、野球をし、心地良い日々を過ごしていました。そこから、ようやく憧れのプロの世界に入ったのに、身体が動かない。いきなり僕はどん底まで落ちてしまったのでした。

シーズンが始まっても、苦悩は終わりませんでした。二軍の試合に出る機会をもらっても、足取りは重かった。「あいつが出ると勝てない」と言われるのではないか、とビクビクしていました。

誰も僕のことを相手にしてくれない。僕自身も野球を楽しめない。もがき苦しむ日々が続きました。それこそ後年、**あのときに比べたら、何も怖いものはない、と思えるほどの経験**でした。

他の選手と自分を比べるな。昨日の自分と比べろ

そんなある日、「おい、クリ」と声をかけてくれたのが、二軍監督の内藤博文《ないとうひろふみ》さんでした。内藤さんは巨人が初めて開いたプロテストで第1号の合格者になった人でした。入団3年目から一軍出場を果たし、レギュラーポジションもつかんだそうです。同じテスト生からのプロ入り。内藤さんは僕の悩みや苦しみが想像できたのかもしれません。チーム全体の練習が終わると、マンツーマンの居残り練習で僕を鍛えてくれるようになったのです。

そうはいっても、すぐにうまくなれるわけではありません。僕の居残り練習に付き合うには、相当な根気が必要だったと思います。僕は、内藤さんの期待に応えられない歯がゆさで一杯でした。

うまくなれたら、内藤さんに喜んでもらえるのに。それこそ、悔しくて泣きながらボールを受けていたこともありました。

時にはノックを受けてうまく捕れないときに、僕はため息をこぼしたり、「なんでだ！」と自分に怒りを表したりすることもあったのだと思います。練習を終えて後片付けをしているとき、内藤さんはこう言いました。

「なあクリ、プロ野球っていうのは競争社会だよな。一軍に上がらないと認められな

いよな。でも、オレはそんなことはどうでもいいんだよ。お前が人間としてどれだけ大きくなれるかのほうが、オレにはよっぽど大事なんだ。だから、まわりがどう思おうと関係ない。明日の練習で今日よりほんのちょっとでもうまくなっていてくれたら、オレはそれで満足なんだよ。他の選手と自分を比べるな」

言葉がゆっくりゆっくり、身体の中に染みこんでいきました。そして、やる気と絶望の間で揺れ動いていた僕の気持ちは、次第に定まっていきました。

自分より上のレベルの選手と比べるから、自分にダメ出しばかりをしてしまうのです。そうではなくて、**昨日の自分と今日の自分を比べればいいんだ**、と気づいたのです。

この気づきは本当に大きかった。**人が苦しむのは、まず比較から始まるから**。まさに、そうなのです。子どもでも、仕事でも、人と比べるという本当にくだらないところから始まって、嫌な思いをしたり、ダメになったりするのです。

そして、「お前が明日ほんのちょっとでもうまくなっていたら、オレはそれで満足だ」という言葉。これは、僕の指導者人生の原点になりました。僕は、信じてもらえたのです。

夢は正夢にしなければ、まったく意味がない

誰かが本当に自分のことを思ってくれていたり、信じてくれていたりすることが、いかに人に大きなパワーを与えることになるか。ダメだった僕は、誰かに信じてほしかった。信じて使ってほしいとずっと思っていました。だからこそ、信じてもらえたことが、うれしかった。ホッとしたし、安心したし、頑張れると思いました。

みんなに認められていなかっただけに、信じてもらえたことの意味がよりわかったのだと思います。

「まあ、お前、ダメかもしれないけど、とりあえず、やってみろ」と言われて試合に出されるのと、「お前しかいねえんだよ」という思いで出されるのとでは、やっぱり大きく違います。仕事をするときも、そうではないでしょうか。

「とりあえずチャンスを与えるからやってみたら」などと言われるのと、「お前しかいねえんだよ。お前がこれを変えろ」と言われて送り出されるのとでは、まったく違うでしょう。

僕はダメな始まりをしたからこそ、このことがよくわかったのです。

内藤さんに背中を押してもらい、自分自身でも「いつか試合に出てやる」「見てろよ」と思えるようになっていきました。二軍での練習に、より力が入るようになりま

した。

秋口になり、内藤さんから整体の先生を紹介してもらいました。トップ選手を見ていた先生で、きっと勉強になるから、ということだったのだと思います。そしてこの出会いがまた、僕の人生を大きく変えていくことになります。

僕が後にとても大事にする言葉、「夢は正夢」を教わったのが、まさにこのときでした。先生はこの言葉を紐解きながら、僕を信じている、と言われたのです。

「みんな夢を持つというが、夢なんて正夢、現実にできなければ、何の意味もない。戯《ざ》れ言だ。いいか。私は君はできると思って言っている。一生懸命やったらいいとか、そんなくだらないところで終わらないでくれ。夢というのは、形にしなければダメなんだ。現実にしろ」

この年、僕のことを信じてくれたのは、内藤さんとこの先生だけでした。誰も、後に僕が一軍入りするなど、信じていなかったと思います。しかし、2人は信じたのです。

先生が僕に会い、その場で作ってくれた「夢は正夢」という言葉には実は続きがあります。

「夢は正夢　歴史の華」

歴史の華、というのは、僕への大きな期待だったのだと思います。野球の歴史に対して、何か意味があることができる、ということです。先生は言いました。

「スターになるとかではない。でも、必ず意味のあることをやるときが来るはずだから、それを信じてやりなさい」

信じてもらったからといって、すぐに何かが変わるわけではありません。でも、僕には「生きてていいんだ」くらいに思えました。そう言ってくれる人が内藤さんに加えて、もう一人、現れたのです。

誰にも相手にされない、誰も認めてくれないことこそ、最も苦しいことなのです。そんなときに、内部に一人、外部に一人、僕を信じてくれる人が現れた。これは僕にとっては、本当に幸運なことでした。そして感謝しました。

1年目、ヤクルトは優勝を逃していました。最後の2試合、内藤さんから一軍行きを伝えられました。1試合目は最終回の守備要員。2試合目はピンチヒッター。それでも本物のプロ野球選手として、僕は舞台に立つことができたのです。

先生からはこう言われました。

「ほらね。**お前が中途半端にしか自分のことを信じられないから、今まで結果が出なかったんだよ。**もっと真剣になりなさい」

努力を怠らなければ、誰かが見てくれている

相手を信じたからといって、結果が出ないこともあります。しかし、僕は実体験として、信じることは相手を大きく変えることになると思っています。だから、こちらから先に信じるのです。

全員を信じるわけではありません。やはり姿勢であったり、一生懸命さであったり、何かできるはずだ、と思えるなら、信じる。

その意味では、**信じてもらう側にも、問われることがある**と思います。思いだったり、覚悟だったり、やろうとする力だったり。能力ではありません。立ち向かうパワーであり、へこたれない力。生き方であり、生き様です。

僕の場合も、なにがしか、そういうものを感じてもらえたのかもしれません。能力はまったく足りていなかったのですが、気持ちだけはあった。そこを信じてもらえたのが、本当に大きな力になったのです。

だから僕は監督になってから、「あのピッチャーはなかなか打てない。代打は残っているのが彼だけだから、とりあえず、彼でいこうか」といった采配で選手を送り出すのは、絶対に嫌でした。「お前なら打てる」と思って送り出してやりたかった。そ

うでなければ打てない、とも思っていました。それは、実体験から来る僕の確信なのです。

誰にとっても正しいかどうかはわかりませんが、そのほうが力が出ると僕は思っています。不安も消してやれる。「誰がなんといってもオレは信じている」という言葉の強さが、そうさせるのです。

入団2年目、二軍のジュニアオールスターゲームに出場し、3年目には僕は開幕一軍を勝ち取ることができました。そして5月末、初のスタメン出場を果たしました。

「いちばん　レフト　くりやま」

試合前の球場アナウンスで自分の名前が呼ばれたときのうれしさは今も忘れられません。

努力を怠らなければ、誰かが見てくれている。準備を怠らなければ、チャンスをつかむことができる。改めて、そう思いました。

この年、僕は107試合に出場し、4本のホームランと72本のヒットを記録しました。規定打席には達しませんでしたが、打率は3割を超えました。以降、僕は後に詳しく書くメニエール病に苦しめられながらもプレーを続けることになります。

ファイターズの監督に就任した1年目、パ・リーグで優勝でき、ここまで来れたお礼を伝えたくて、あの内藤さんに久々に会いにいきました。ご自宅近くの喫茶店でお会いしました。

「良かったな」

と声をかけてもらい、いろいろな話をしたのですが、突然、喫茶店の中にあった掃除用のホウキを見つけると、内藤さんはそれを手に取ったのでした。そして、おもむろにバッティングを僕に教え始めたのです。

「いいか、バッティングというのはな」

内藤さんの中では、僕は二十数年前のあのときのダメな僕のままだったのだと思います。だから、なんとかこいつに言っておかなければ、と思われたのでしょう。僕は猛烈に感動していました。涙が溢れそうでした。

改めて、自分がいかに人に恵まれたか、と思いました。一人では何もできないのです。そんな僕を、いろんな人がなんとかしようとしてくださった。

もし、あのとき二軍監督が内藤さんでなかったら、僕の野球人生はなかったと思っています。内藤さんに、本当に感謝しています。

人の思いを信じる

7年間の選手生活を終え、僕は1990年に29歳で現役を引退しました。その後は、スポーツキャスター、野球解説者、スポーツジャーナリストに転身。大学で教鞭《きょうべん》もとりました。そんな僕にファイターズ監督就任の話が来たのは、2011年のことです。プロ野球を引退してから21年が経っていました。

僕の現役時代を知っていた人は、何がどうひっくり返っても、僕がプロ野球の監督をするなどということはないと思っていたはずです。200パーセントないだろう、と。僕自身は、それこそ1000パーセントないと思っていました。

ファイターズ、侍ジャパンの監督を務めてきたので、僕に監督のイメージを持つ人は今は少なくないかもしれません。だから、なかなかわかってもらえないのですが、当時の僕のファイターズ監督就任は、絶対にありえないような出来事だったのです。

20年以上、プロ野球の現場を離れていました。コーチの経験もありません。プロ野球選手として、華々しい実績があるわけでもない。実績がなくて監督になった人はたしかにいました。しかし、コーチ経験もなく監督になったのは、おそらく僕くらいではないかと思います。

しかも引退後、ずっと行っていたのは、キャスターなど人に伝える仕事です。もちろん、プロ野球や高校野球との関わりはありました。でも、それはあくまで伝えるという仕事の上での関わりだったのです。

そんな人間に、プロ野球の監督を任せる。後に僕は、結果が出ていなかった佑樹に開幕投手を任せたり、翔平に二刀流をやらせたりと、けっこう大胆にいろんなことをしたと言われましたが、僕を監督に指名するなどということは、とても怖くてできません。

それくらい、**僕を監督にすることには、リスクがあったのです。**実際、監督就任が発表されると、大騒ぎになりました。

この決断をしたのが、当時、ファイターズの統轄本部長だった吉村浩《よしむらひろし》という男です。ヨシはメジャーリーグのデトロイト・タイガースでGM（ゼネラルマネージャー）補佐を務めていた時期があり、僕はその頃に出会って、ときどき伝える側として意見を聞いたりしていたのでした。そして後に帰国した彼から、2011年に監督就任の話が来たのです。

監督になったのは、人生を賭けての大勝負

監督経験どころかコーチ経験すらなく、20年以上も現場を離れている人間が監督就任。「はい、そうですか」というわけにはいきませんでした。

他のプロスポーツが次々に人気になったり、インターネットが浸透したり、テレビ地上波での中継がどんどん減っていったりして、プロ野球をめぐる環境は大きく変わってきていました。そんな中で、新しい取り組みをしていかなければいけないことは僕にも想像がつきました。

球団を含めてやっていかなければいけないことがある、手伝ってほしい、と言われて、僕の口から最初に出たのは、「もう少し時間をください」でした。その後、改めて考えて、僕は彼に電話をかけました。

「やはり、他に適任者がいるのではないですか」と伝えました。少なくとも、僕ではないと思いました。強いチームを作るには、そのほうがいいと思ったのです。しかし、ヨシはこう言ったのでした。

「いや、勝ってくれ、とか、そういうことを言っているわけではないんです。誰より

も、野球を、選手を愛してくれたら、それでいいんです」

僕は子どもの頃からずっと野球をやってきた人間です。プロ野球の華やかな世界も短い間でしたが、見ることができました。ユニフォームを着たくないはずがありません。

「他のことは自分たちがやります。野球に集中してください」

そんな空気がありました。それならできるかもしれない、と僕は思いました。ただし、彼にとっても大勝負になる。大批判をくらうことも、見えていました。でも、彼の言葉を信じようと僕は思いました。人生を賭け、僕を監督にするという、**とんでもない大勝負に出てくれている**のです。

僕にとっても大勝負でした。今、振り返っても、よく引き受けたと思います。もしうまくいかなかったら、僕を指名した人の人生まで狂ってしまうかもしれません。生涯の大勝負でした。

すべては、つながっている

ただ、野球がやりたかった、というのは事実でした。野球が好きでした。あの張り詰めた空気をまた味わいたかった。引退後、現場に戻りたいと一切思わなかったか、と問われたら間違いなくノーです。そしてもし、これを断ったら、あんなに好きな野球に対して失礼ではないか、とも思いました。

そしてヨシの思いを信じようと決めました。彼はこれが正しいと思ってやろうとしている。それなら、野球界はきっといい方向に進むはずだ、と。

僕はもともと何もない人間です。もし結果が出せなくてボロボロになって捨てられたところで、どうってことはないと開き直れました。実際、誰も監督として僕が成功するなんて、思っていませんでした。でも、僕はヨシを信じたのです。

「縁尋機妙《えんじんきみょう》 多逢聖因《たほうしょういん》」という言葉があります。いい縁がまたいい縁を尋ねて発展していく様は誠に妙なるものがある、**いい人に交わっていると、いい結果に恵まれる**、という意味です。僕自身の場合も、振り返ってみて、縁というものが、いかに大事だったかと思います。

哲学者にして教育界の大御所、森信三《もりしんぞう》先生は、こんな言葉を残しています。

「人間は一生のうちに逢うべき人には必ず逢える。しかも、一瞬早すぎず、一瞬遅すぎないときに」

初めてこの言葉に触れたとき、僕の中では、本当にそうなのか、という思いが浮かんだのでした。本当に逢うべき人に、逢ってきたのか、やるべきことをやってきたのか、と。

しかし、よくよく考えてみると、すべてはつながっていたのでした。例えば、僕がヤクルトの外野手として一軍でプレーできたのは、恐れることなくダイビングキャッチでボールに向かっていったことも大きかった。

では、なぜそんなことができたのかというと、中学時代、野球を離れてバレーボールをやっていたからです。当時、校内で最も強いクラブがバレーボールだったからですが、バレーでは板の上で頭からボールを取りに行くことは当たり前のプレーでした。僕は膝にケガをしてバレーを離れることになるのですが、このプレーが後に野球に戻ったときに生きたのです。

これは、ほんの一例です。結局、その縁を自分で感じ取れるかどうか、意識できるかどうかなのです。

行動することで、逢うべき人に逢える

実は人生には、無駄なものは一切ないのだと思います。すべてのことに意味がある。「嫌だな、これ」と思うものにも意味がある。その「嫌だな」は何かの意味を持っているのです。そう考えたほうが、幸せなのではないか、とも僕は思っています。

そして、僕自身が誰かの縁を作っていくこともあります。それは、思わぬ形になることもある。例えば、監督として新しいコーチを招聘《しょうへい》する。そうすると、元いたコーチの居場所がなくなる、と思えます。これは、元いたコーチにとってはマイナスではないか。かつての僕はそう思っていました。

しかし、そうではないのです。今の居場所を離れることで、元いたコーチは新しい縁を作るチャンスを手に入れられるのです。

動くことは、とても大事なことです。動かなければ、何も起こらない。プロテストを受けなければ、後の僕はありませんでした。振り返れば、**人生の失敗の多くが、動かないことによってもたらされていた**気がします。起きていることに、素直に反応するべきなのです。

それこそ人間に生まれてくるか、クワガタに生まれるか、鳥に生まれるのかは自分で決めたわけではありません。そういうことも含めて、人知を超えた何か大きな天の意思のようなものが存在しているのではないか、と僕は思うようになっていきました。

だから、**与えられたものの中で、やり尽くすことが大事**になる。加えて、与えられたものをよりよくしていくために、どう変化していくか、ということも求められてくる。

森信三先生は、「人間は何人《なんぴと》も自伝を書くべきである」という言葉も残していま す。人の人生ほど、勉強になるものはない、と。それは、成功する成功しない、を意味するわけではありません。誰しも縁の中で動いていき、しかるべきところに落ち着く。だから、必死で頑張らなければいけないのです。

そしてその生き様こそが、学ぶべき最高の教材となるのです。

第2章 ダメな自分をどう信じるか

すべての人に可能性があるのなら、自分にもある

信じられることによって、人は変わる。つまり、人には変われるだけの大きな可能性があるということです。それこそすべての人は可能性を持っていて、生きているだけでも、ものすごいことだと僕は思っています。

「そんなふうに全員を信じていいのであれば、自分も信じていいのではないか」

自分を信じているか、と問われたら、あまりそういう意識は僕にはないのですが、ロジックとしては正しいと思います。

もともと自分を信じてやれると思っていた者がプロに入ったときに大きな挫折をして、ダメな人間になったところからスタートしたのが僕でした。その意味では、僕のような人間にも何かやるべきことがあった、というところで信じられているのかもしれません。

プロに入って落ちこぼれた。そこからどうするかでもがき続ける中、少しずつ明か

りが見え始めていきました。その明かりのきっかけは、実は後に詳しく書くメニエールという病気でもありました。

時には立っていることもままならなくなる病気をしたことによって、「自分はダメだ」などと思っている場合ではなくなったのです。「とにかくやり切るしかない」と思えたところから、またスタートしていくことができた。逆説的に、まだ何かがやれると思えたのでした。

また、ファイターズ監督時代も、勝ったり負けたりして、もがき苦しむ中、結果が出なくても人のためになれることがあるのだと、少しずつ感じられるようになっていきました。**ダメなときにも、価値があるのかもしれない**、と。

特に10年間の監督時代のうち、終わりの3年間なかなか勝てず、Bクラスに沈み、苦しんだことが大きかった。それが、こんなふうに思わせてくれたのだと感じています。

自分のダメさ加減は、トラウマのようになっています。今なお、野球については絶対的にこうだと言い切れないところがある気がします。

逆に言えば、自分が正しいと思っていない。だから、人の話を聞ける。それが、自分にとっては大きなプラスになっているとも思っています。

選手時代、野球をやっていて自信なんて、これっぽっちもなかった。チームに足りないところで自分を活かす、組織の中でこれだけは負けないものを作る。そのことは意識していましたが、それだけでした。

でも、そんな僕の姿を見てくれて、評価してくれて、チャンスをくれた人がいた。それは、とても運のいいことでした。

ただ、この「運」にはおそらく何か理由があったのだと思っています。だから、この運を自分に取り込めるようにするにはどうしたらいいか、ずっと考えていました。

ＷＢＣもそうでしたが、勝ったり負けたりする戦いは、**最後は運を取り込むことが必要になる**のです。では、自分がどうすれば運を取り込めるのか。「ここまで頑張ったんだから、ちょっとだけ応援してやろうか」と神様が思ってくれる何かが絶対にあるはずだと考えていたのです。

その何かは、努力してできることです。ファイターズの監督になって、とりわけ後半からは、その「できること」を探し求めてきた数年間だったような気がします。そしてＷＢＣでも、「できること」にこだわったのでした。

人は変われる。自分ができないと思っているだけ

たくさんの選手に接してきてわかったことは、人は絶対に変われる、ということです。実際に突然うまくなった選手をたくさん見ています。何かのきっかけで、ものすごく大きく成長していくのです。

わかりやすいのが、ドラフトではなく、育成で入団してきた選手たちでしょう。侍ジャパンにも育成出身の選手が何人もいました。彼らが活躍することをみんなが想像できていれば、ドラフトで指名されたでしょう。

でも、されなかった。ところが、ドラフトで指名されていない選手たちが、日本のプロ野球の頂点でプレーしている現実があるわけです。結局、目利きの人たちが見ればわかるというような、簡単なものではないのです。

それよりも、ドラフトで見つけられなくても、とんでもなく成長する選手が出る。それを信じてあげないといけないのです。

信じてあげて、本人も信じてやり切って、それでもうまくいかなくなることもある。でも、誰にもわからない未来を最初からあきらめることだけは絶対にしてほしくないと僕は思っています。**想定しない未来があることを、僕は徹底的に信じているのです。**

「そんなのやってみないとわからないじゃないか」と思うわけです。

そうでなければ、たくさんのデータに基づいて決断するプロ野球のスカウト陣が見つけられなかった育成の選手が、頂点に立つはずがない。歴戦のスカウトをもってしても、わからないことがあるのです。

誰にでも大変な能力が備わっている

スポーツ以外でも、そうなのではないでしょうか。大きなことを成し遂げた人たち全員が、ずっと子どもの頃から天才で、「何でもできる」と思っていたのかというと、決してそんなことはないでしょう。

これは昔から、多くの人が言っていたことでもあります。人には大変な能力があって、それはすべての人に備わっているのです。生きている人、全員が自信を持ったらいいのです。それを持っていないことのほうがおかしい。

「え、どうして持っていないんですか」

と僕は問いたい。だから、もし自信を失いそうになっている人がいたら、声をかけてあげるべきだと思います。これから、ものすごいことが起きるかもしれないよ、自信を持って、と。

ただし、誰しもがスーパースターになる必要はない。

「野球界でトップとは言わない。このチームで一番になれる部分はあるんじゃないか。それを最初から捨てるのはあり得ない。何を言ってるんだ」

僕はよくこんな話をしていました。自信をなくしている選手は、今なくしているだけなのです。もともとは自信を持っていたのです。だから、それを思い起こさせるようにしていました。

子どもの頃は、誰しも1000くらい、「これだけは誰にも負けたくない」というものを持っているのだと思います。ところが、生きていくにつれ、年齢を重ねるにつれ、少しずつ捨てていってしまう。そして大人になって、すべてを捨ててしまう人がいる。

でも、**これだけは絶対に負けたくない、というプライドはとても大切**です。それがあるかどうかで、人生の伸びしろは変わる。

だから、それを持っている選手には、「これだけは捨てるなよ」と僕は伝えていました。「お前ができないと思っているだけだ。お前よりオレが信じてどうするんだ。少なくともオレくらいは信じてくれよ」と。

今苦しくても、必ずその時は来る

子どもたちによく言っているのは、「**生きているだけですごいことだ**」ということです。何かができるとか、努力ができるとか、そんなことは関係がない。生きているだけで奇跡なんだということがわかれば、いつか必ず自分を活かすときが来ると僕は思っています。

だから、たとえうまくいかないことがあっても、自分を傷つけてしまったり、自分はダメだと思い込んでしまったりする必要はありません。**いつか、自分が活きるときが来る**のです。これは僕が監督として、人が育っていく過程を見ていく中で、確信を持ったこと。実体験から信じていることです。

ところが、みんなに評価され、「すごい」と言ってもらえるのを待っている人が少なくない。でも、そんなことを待っている必要はないのです。

「**明日はいいから、今日だけ一生懸命、生きてくれ**」

選手によく言っていた言葉です。自分が今日これをやる、と決めて、それができただけでも素晴らしいことだと思うからです。結果に関係なく、まずそれができたことが素晴らしいのです。だから、「よく頑張った」と自分を褒めてやってほしい。

生きることは、しんどいことだと言われます。だからこそ、そうやって自分で自分を褒めて、生きていくしかないとも思うのです。

たしかに誰しも評価されたいでしょう。僕だって褒められたいと思っているところがあります。でも、実は大したことはしていないのに、偶然うまくいってみんなに褒められたとしたら、どうでしょうか。これは違和感を生みます。これこそ、とても辛いことになるかもしれません。

一方で、自分がこうだと決めて、それが毎日できたら、それだけでも、とても尊いことです。玄関を掃除する、でも、靴を揃える、でも、机の上をきれいにする、でもいい。嘘をつかない、でもなんでもいい。

自分で良く生きると決め、それを実践することで、自分を褒める。昔から日本には、こうした大切な価値観が受け継がれていたような気がします。ところが、それがどうやら世の中から失われていってしまっていることが、とても残念なのです。

ファイターズの監督をやっていた10年間は、その大事さを学ばされた10年間でした。監督は、自分で自分を整えていくしかなかったからです。

自分を大事にしてあげてほしい

メンタルトレーニングでは、小さな成功体験を積み重ねることで自信が生まれていくと言われています。それが目的というわけではありませんが、小さなことでも自分が決めたことをやることができたら、うれしいと思います。

自分との約束を守ることができたら、ああ良かったな、と安心できる。ホッとできる。こういうことが、次に向かう力につながっていく。

できていないことがあると、しんどいかもしれません。例えば、学校に行くと決めたのに行けない。でも、自分を傷つけないでほしいと思います。いつか、時は来るからです。今は来ていないだけで、そのタイミングは必ずやってくる。だから、それまで自分を大事にしてあげてほしい。できることを、すればいいのです。

成功した人の中にも、一時は命を絶とうと考えた、などという人がいます。大きな苦しみを乗り越えた人はたくさんいる。それを考えると、今、引きこもって苦しんでいたり、学校に行けなかったり、という人が大勢いてもおかしくはない。

とにかく、その問題と本人の良さはまったく別問題であるということを、誰かが説明してあげないといけないと思っています。

もしかしたら、そんなことを言ったところで、伝わらないかもしれない。それでも僕は、いつかわかってもらえると思って言い続けるしかないと考えています。毎日、同じことを言い続ける。わかるまで言い続ける。理想論かもしれません。でも、理想は追いかけたいのです。

本人の問題ではない場合もあります。例えば、お母さんが病気で、学校が終わったら面倒を見ないといけない。自分のやりたいことはできない。クラブ活動もできない。では、どうしたらいいのか。申し訳ない、そこには僕の答えはありません。

ただ、自分のやりたいことを我慢して、中学生や高校生の頃からお母さんの面倒を見ているわけです。これを少し客観的に見てみれば、本当にすごいことなのです。誰もが褒めるでしょう。お母さんも「ありがとうね」と心から感謝する。

誰かのためになれることこそ、人が生きるということだと僕は思っています。もちろん、やりたいことができないことは辛いかもしれない。でも、それはとても素晴らしい生き方だし、そこには大きな意味がある。それをぜひ知ってほしいのです。

そして、世の中には必ず見ている人がいる。いずれ必ず、何らかのチャンスが来る。必ずチャンスが来ると思っていてほしいのです。

チャンスはこんな人にやってくる

チャンスというのは、やってくると本気で思わないと、やってこないと僕は考えています。本当にやってくるのか。それは誰にもわかりませんが、来ると思わなければ来ない。だったら、そう信じるしかないのです。

そして、そう思っていれば、苦しい中でも少しだけ光が見える。希望が見える。大変かもしれないけれど、前を向ける。

また、頑張っている姿を見て、まわりの人が「自分も頑張ろう」と思うかもしれない。それは、肉親かもしれないし、学校の先生かもしれない。すぐ近くにいる誰かかもしれない。

だとすれば、我慢して頑張っていることにも意味があります。意味付けなんて必要ないかもしれないけれど、意味付けをすることで、少しでも自分を納得させられる。

周囲は現実的には、助けてあげられません。自分でなんとかするしかない。でも、やるべきことをやっていたら、必ずチャンスが生まれてくるよ、という思いは伝えられます。それは、苦しいときの支えになるかもしれない。誰かが言葉を発することで、何かが生まれてくるはずだと思うのです。

僕自身には、人と比べたら大して苦しい経験はありません。でも、世の中を見ていると、苦しんでいる人が一気に前に進むときというのは、**「この人は頑張っているから、なんとかしてあげたい」という思いのようなものがまわりに生まれていくのだと**感じています。

そうやって、誰かが手を差し伸べる瞬間があるはずだと、僕は思いたいのです。

野球の世界と比較するのは的確ではないかもしれませんが、誰が見ても、こいつは頑張っているな、努力しているな、こいつをなんとかしてやりたいな、と思えるような選手は、一度ステージに上がります。

そのままずっと二軍では終わらない。一度は一軍に来てチャンスをもらえる。ただ、そのチャンスで結果が出るかどうかはわかりません。そこには運もあるし、努力の量もある。

ただ、チャンスをもらえることが最も大事なことなのです。チャンスをもらえたら、自分で勝負するしかない。

みんなが欲しいのは、チャンスなのです。実は結果以前に、チャンスを手に入れることが簡単ではないのです。

そう考えたら、チャンスを手に入れる価値に気づけると思います。どんな人がチャンスを手に入れるのか。どんなことをしていると、チャンスを手に入れられるのか。どういう人に、人はチャンスを与えたくなるのか。

本当に頑張っていたら、誰かが見ていて、チャンスを与えます。いつも努力して、頑張り続けている姿は、誰かの目に留まる。そして間違いなく、神様も見ている。努力は絶対に無駄にはならないと僕は信じています。

なかなかうまくいかなくて苦しいこともあるかもしれないけれど、その苦しみそのものが、その人の生き様になります。それは周囲に影響を与えたり、子どもたちに影響を与えたりもする。違うところで、プラスを生み出す可能性もあるのです。

こう考えてみると、**自分だけでは見えてこない人生の意味があるの**かもしれません。100年、1000年の単位で見ると、もしかすると大変な意味を生み出すかもしれない。そんな長い目で、大きな発想で人生を見つめてみるべきだと僕は思っています。

「悪いことは自分のせい。いいことは誰かのおかげ」

たとえ不平不満があっても、それを超えるだけの努力をしようとする。それは必ず何かに生きてきます。また、その姿に周囲は気づきます。野球界では、まわりの選手たちがよく見ていて、「この人を」という空気が出てくるものです。

WBCで源田壮亮《げんだそうすけ》がケガをしました。右手小指の骨折でした。それでも「絶対にできる」と源ちゃんは言っていました。コーチやマネージャーは、源ちゃんの闘志に心を動かされていました。

直接、話をすると、やはり大丈夫だとしか言いません。それでも心配していると「侍ジャパンのために、何とかプレーしたいんです。力を尽くしたいんです」と、僕の目を真っ直ぐに見つめて言いました。

その言葉にはものすごい熱量と、後ずさりしてしまうような迫力がありました。僕は、こんな選手になりたかったと思いました。そして、こんな選手を育てたかった、と。

僕は源ちゃんを使い続けました。それは源ちゃんが、日本が優勝するために必要な選手だったからです。源ちゃんは、それだけの選手でした。そして源ちゃんに留まってもらったことで、チームはまさに一つになりました。

試合に出ている選手、出ていない選手に関係なく、これだけ命がけで戦っているんだ、自分もやらなきゃ、と思わせたのです。僕は後にチームがまとまっていくのを見て、源ちゃんを残したことは間違っていなかったと思いました。

監督の仕事は、決めることです。誰を使うのか。もちろん「こいつで勝つ」という思いもありますが、最後はそうではないと僕は思っています。先にも触れていますが、「誰とやって負けたら納得がいくのか」です。

それは普段の姿であり、普段の生き様から見えてきます。

「ここまでやって、こいつのミスで負けたら、しょうがない」

「こいつが打たれてしまうのなら、どうしようもない」

「こいつが打てないなら納得がいく」

そこまで監督として思えるかどうか。思わせてくれる選手かどうか。

「どうしてオレを使ってくれないのか」などと嘆いているようでは、選手は絶対にその世界には行けません。**理由は外にはない。中にある**のです。

これは世の中の成功した人たちの多くがそうだと思うのですが、何かが起こったときにこう考えるのです。

「悪いことは自分のせい。いいことは誰かのおかげ」

うまくいかなかったときに人のせいにしたり、うまくいったら自分のおかげだと言い張ったりする人がいますが、成功している人はそうではない。

「**人の成長を最も妨げる要因は言い訳**」と言われます。いつも言い訳をしていたら、成長はありません。ダメだった要因を自分に求めなければ、前には進めない。そしてそうした習慣は、人にも伝播《でんぱ》していくのです。

自分でマイナスを大きくしない

なかなかうまくいかない状況、不遇な状況に陥ってしまったとき、やってはいけないのは、後ろ向きの気持ちになることだと思っています。ヤケになって自分を痛めつけたりすると、マイナスが大きくなるだけです。自分からマイナスを大きくするべきではないのです。

それより前を向くこと。とりわけ若い人に伝えたいのは、「いつか何かをやってやる」「今に見てろよ」という気持ちが生み出す力です。前を向けばパワーが湧くし、前進することができる。

それこそ「**この苦しみは、10年後の自分のための修業なんだ**」くらいに思っていれば、乗り越えやすくなります。

僕は、もともと自分はダメだし、もともと苦しいことはあるものだ、と思っていたほうが、生きるにはラクだと考えています。そうすると、たまにいいことに出会ったときには、とてもうれしくなるのです。

人生の期待値を上げてしまうと、ちょっとやそっとのことでは、喜びにくくなります。また、慣れというのは怖いもので、幸せなことに気づきにくくもなる。

大きなことを成し遂げた人は、小さな幸せをとても大事にしていたりします。きっと誰かが喜んでくれていると、笑顔を想像するだけで、うれしい気持ちになったりする。あえて、常に原点に戻ろうとしているのかもしれません。

また、逆に苦しんでいるときには、何か一つでもできたとき、前に進むことができたときの喜びは、とても大きいものです。それが次に向かうパワーを生んでくれる。

そもそもクヨクヨしていたところで、何も生まれません。「病気になってしまった。この病気で死んだらどうしよう」と考えるか、「いやいや、今それを考えてもしょうがない。もう手は打ってあるんだから、お医者さんに任せるしかない」と考えるか。

「絶対に治る」と信じて前に進んでいったほうがいいし、「そのために今のうちにできることをなんでもやってやる」と思っていたほうがいい。そのほうが、日々も充実するはずだと思うのです。

人の評価なんて、手のひら返し

僕は昔の人の言葉にたくさん救われてきましたが、強く印象に残っているもののーつに、『易経』の一節があります。

「3日、嫌な思いをしなかったら、気をつけたほうがいい」

生きていれば、嫌なことはたくさん起こる。それは、普通のことだというのです。逆に、嫌な思いをしないでいたら、これから嫌なことが起こる。だから、嫌なことが起こっていることに、安心したほうがいい、というのです。

また、嫌なことがあったら、必ずいいことが起こる。だから、安心して前に進むことができる。誰かが悪口を言っていたら、そのぶん誰かがきっと自分のことを褒めてくれている。だから大丈夫。逆に、嫌なことも起こらないし、悪口が聞こえなくなったときこそ、むしろ危うい。

こんなふうに思っていると、自分の心のざわつきがおさまっていきます。野球の監督をやっていると、ざわつく瞬間がたくさんあります。だから、それを止める方法を自分で見つける必要がありました。

実は僕は、あまり楽観的なタイプではありません。いろんなことが気になる。だから、それを処理して平らにする考え方を、先人たちの書籍から学ぼうとしたのでした。

WBCで優勝して、たくさんの人に好評価をもらって感じたのは、「ああ、こうやって人はダメになるんだな」という思いでした。それは痛いほど感じました。ファイターズ監督時代、厳しい指摘をたくさん受けました。それはもう厳しかった。だから、WBC後、これだけ手のひらを返して褒めてもらえるなら、手のひらを返してダメ出しをされることもあるんだろうな、と思ったのです。

ただ、これも若い選手たちに話してあげられるな、とも思いました。

SNSで非難されたり、バッシングされたりして、悩む選手も少なくありません。でも、**知らない人の言うことなんて、まったく気にすることはない**、と僕は断言できると思いました。人は変わるし、人の意見も変わるからです。そのときどきの意見を、まともに受けていたら、身が持ちません。もっとも、家族や信頼の置ける人に言われるのなら、しっかり聞く必要はあるでしょう。

選手にもずっと伝えていたのは、本当に言いたいことを持っている人は、しっかりまともに言ってくる、ということです。直接、言ってくる。だから、それ以外は気にしなくていい、と。

そして、プラスマイナスは表裏一体なのです。**嫌なことがあれば、その分、きっといいことがある。**そう信じることです。

差があるからこそ、生きる道がある

いくら努力しても、才能の差を超えることはできない。そんなふうに感じている若い選手もいます。そういうとき、僕は「差があるからこそ、生きる道があるんだ」と伝えてきました。

できることには、人間は努力をしない。また、できることで事足りていれば、別のことはしない。つまり自分が努力をすれば、才能がなくても、もともと才能がある人たちが持っていないところに到達できる可能性がある。その人たちが陥りやすい傾向を逆手に取って、**自分を活かす道がある**のです。

それこそホームランを打てるバッターは、バント練習を必死にはやりません。そこで特徴が活かせると思えば、特徴を活かせばいい。飛距離では負けるけど、ボールがバットの芯に当たる確率を高めてヒットをたくさん打つ、という選択もあるかもしれない。

持って生まれた才能では、叶わないこともあるかもしれませんが、違うところに必ず生きる道はあるはずだと僕は思っています。だったら、そっちを追ったほうが賢い。

ところが、プロ野球の世界では、やっぱりバッターは飛距離にこだわってしまうのです。「いや、飛距離では負けないぞ」と考えてしまう。でも、それは勘違いであることが少なくありません。そこで、どうやって自分の生きる道を見つけさせるか、が肝要でした。

ただ、先にも触れたように、最後のスイッチは自分でしか入れられないのです。もっと言うと、本当に心の底から思わなかったら人間は動かない。だから、僕は自分で考えろ、と伝えていました。

何をすればいいか、を教えるつもりはありませんでした。でも、**何をすればいいのかを、考える方法を教える**のです。自分で気づかなければ、自分でスイッチを入れられないからです。

同じことをやって相手を上回れるなら、それでいいと思います。問われるのは、その確率です。絶対に無理だと否定はしません。僕が門田さんのホームランの話にハッとしたように、確率だけが問題だとは言わない。ただ、どう自分を活かすかを考えたときには、**確率はやはり冷静に見極めたほうがいい**。

やりたいことで勝負したい気持ちはわかります。しかし、プロ野球という世界で、野球という一番好きなことをやり続けるために、どの道が最もいいのか。それはシビアに見極めたほうがいい。

実際、見極めて変わっていった選手もたくさんいます。

現役時代、23歳でのスイッチヒッター転向

僕自身、現役時代はその意識を強く持っていました。1年目が終わった秋季キャンプで、内野手から外野手にポジションを転向しました。大学までピッチャーをやっていて、肘をけがしてからはショートかセカンドが定位置でしたので、外野はほとんどやったことがありませんでした。

それでも、足の速さには自信がありましたし、「一軍に定着するためなら、何でもやってやる」という気持ちが強かったので、躊躇《ちゅうちょ》なく転向することにしました。

打者としても転機を迎えました。セ・リーグの首位打者に2度輝き、入団からほぼすべてのシーズンで3割以上の打撃成績を収めてきた若松勉《わかまつつとむ》さんが、若手の指導に当たってくれたのです。

このとき、あと3年若かったら可能性があったと伝えてくれたのが、左右両方で打

席に立つスイッチヒッターになることでした。メリットはさまざまにありましたが、足の速さを活かせることが、僕には一番の魅力に映りました。

しかし、それなりの年齢になってバッティングフォームが固まってしまっていると、スイッチヒッターに転向するのは難しい、と若松さんは言います。残念だが、もう遅い、と。

ただ、あの若松さんの見立てです。**やらずにあきらめたら後悔する**、と直感しました。本能が、「迷うな、やれ」と叫んでいました。「来年の春のシーズンが始まる前までに、命がけでやります」と若松さんに伝えていました。

右打席での素振りは、これまでずっと繰り返してきました。手のひらのマメもすでに硬くなっている。しかし、慣れない左打席での素振りで、新しいマメができました。ただ、マメができたからと素振りをやめるわけにはいきません。

マメはつぶれ、血が溢れて血マメになりました。まさに手のひらがボロボロになるまで素振りを続けました。ただ、痛みを感じると振りがおかしくなる。そこで「包帯を巻いてやれ！」と若松さんに言われました。

厳しい練習でしたが、それは若松さんの愛情だったと思っています。「お前、命がけでやると言ったよな。時間はねえぞ」。僕は自分でやると言ったのです。痛みをこらえて、バットを振り続けました。

結果的にこのスイッチヒッターへの転向は、僕のバッティングで大きな意味を持ちました。不思議なことに、左打席を練習していると、右打席の状態も良くなったのです。その結果、足を活かせるだけでなく、打率を一気に高めていくことができるようになったのでした。

こうして2年目の後半から一軍に上がり、3年目は開幕を一軍で迎えることができたのです。

落ち込むときには、落ち込めばいい

うまくいかないとき、何かに失敗してしまったとき、やると決めたことを続けられなかったときなど、落ち込んでしまう。そういう人は多いでしょう。僕自身も落ち込みます。でも、落ち込んでしまうことを気にすることはないと思います。

すべてがうまくいって、決めたことも完璧にできて、失敗をすることもない。そんな人は、まずいません。人間は何でもうまくできるものではないし、続けられるものでもない。そんなに強い生き物ではないのです。だから、できなければ落ち込んだらいい。

「ああ、今日はダメだった。でも、明日から絶対やるぞ」と反省して、明日に向かえばいいのです。

その意味でも、人は変われるのだ、という前提が大切だと思っています。「今日はダメだったけど、明日から変われるんだ」と考える。できなかった、という気持ちを引っ張る必要はない。

「明日からこれをやってみるぞ」「またできなかった。でも、明日からは切り替えるぞ」それでいいと思うのです。

落ち込むことはいいことです。むしろ、落ち込まずに気にならなくなってしまうことのほうが、危ない。落ち込むのは、ダメだったけど、なんとかしようとしているから、落ち込むのです。

「やってしまった。自分はダメだ」

そんなふうに思えるということは、反省して変わろうとしているのです。そういう自分であるほうがいい、と思ってほしいと僕は考えます。

僕もよく落ち込みますが、気をつけているのが、**落ち込む時間を短くする**ことです。心がざわざわしていると、いろいろなことをちゃんと判断できなくなる。判断を間違えることがある。イライラして人にきつく当たったりしてしまう。だから、とことん落ち込むのは構わないけれど、その時間をできるだけ短くする。

とりわけ僕の年齢だと、残された時間はそれほどありません。できるだけ無駄な時間を過ごさないようにしないといけない。

現役時代は、気持ちの切り替えがヘタクソでした。「ストレス発散の方法はない」

と言い切っていて、試合で結果を出す以外は、ストレス発散にはならないと思っていました。お酒を飲んでみんなで騒ぐのも、そのときだけなのであまり意味はありません。

キャスター時代も、いろいろ失敗しましたが、だんだん気づいていったのは、こういうことでした。

「ああ、**この失敗を活かせたら、次につなげられるんだな**」

この考えが、一番すっきりすることに気づいていきました。どんどん落ち込んだらいいのです。その落ち込みが大きければ大きいほど、次にパワーが出る、くらいに思っていればいいのです。

監督になって決めた「とにかく正直であること」

ダメな自分とどう向き合うか。やはり最も印象に残っているのは、ファイターズの監督になったときのことです。現役時代に大した実績があるわけではない。コーチ経験もない。そんな状況から、いきなりプロ野球の監督になったのが、僕だったのです。

正直、怖くてしょうがなかった。年下ではあるものの、すごい選手がたくさんいました。キャスターとして、取材をさせてもらっていた選手もいました。そんな状況で、まず監督としてどう接して、どう話せばいいのか。こんなことで、よく監督を引き受けたと思います。あったのは、僕に監督を任せた吉村浩への信頼感と、野球への思いだけでした。

それでも「選手たち、本当に言うことを聞いてくれるのかな」という思いは消えませんでした。総スカンになってしまうのではないか、とも思いました。監督が話をしているのに、こっちを向いてくれない。これほどカッコ悪いことはありません。

まず始めたのは、現役時代に書き込んだ野球ノートを見直すことでした。野球の技術書やルールブックもすべて読み込みました。それから、監督を務めた人たちの本を読みました。監督の教科書のようなものはありませんでした。

最も参考になったのは、巨人を9年連続の日本一に導いた川上哲治《かわかみてつはる》さんの最後の著書『遺言』でした。そこには、禅寺に行って学ぶことの大切さが記されていました。

後に、僕自身も意識を向ける古典の世界や精神世界、**野球とはまったく関係ないところにヒントが潜んでいる**ことが、そこには書かれていました。

こうした準備も大事でしたが、一方で何より大事になるのは、人だと考えていました。選手の心の中にどう入り続けるか。いろいろ考えましたが、最終的に僕が行き着いたのは、これでした。

「とにかく正直でいよう」

絶対に嘘をつかない。相手がどう思ってもかまわない。指導者は片想いであるべきだ、とも思いましたが、これは言い訳かもしれません。そうなるしかない、と自分で思わざるを得なかったのです。

そして、最初から選手たちが受け入れるのは誰なのか、に思いを向けました。それは、コーチでした。だから、僕は「それまでのコーチの全員を残してください」と球団に言いました。誰一人として、僕は替えませんでした。

自分が好きな人を選んで連れていく、という選択もあったかもしれません。その選択をする人も多い。でも、このほうが余程、危ないと思いました。それこそ、それまでもファイターズはある程度、強いチームだったのです。だったら、そのままのほうがいい。

必要なのは、自分のやりやすさではない

どうしたら選手が一生懸命、野球をやれる環境を作れるか。それこそが大事なのです。監督のやりやすさではない。自分がやりにくいほうが、勝ちやすいかもしれない。自分を一番大事にし、**自分がやりやすい環境を作ることが、組織にとってベストだとは限らない**のです。

それより大事なことは、コーチがしっかり僕のほうを向いてくれるかどうかだと思いました。その意味では、コーチに全員、残ってもらったことは大きかったのかもしれません。後にマネージャーの岸七百樹《きしなおき》からは、あの決断でコーチが監督のほうを向いた、と言われました。

監督は孤独な仕事だとよく言われます。ただ、僕は常に見られている、という印象

のほうが強かった。24時間、365日、カメラがついていて、世の中の人がみんな見ているような感覚でした。一時も、心から解放される感じはありませんでした。

プレー中に出すサイン一つにも緊張しました。選手がそれを見て、「こいつ、アホか」と思っているのではないか。そんなふうに見えてしまうこともありました。選手たちのほうが、勝ち方をわかっているからです。それでも、正直でいようと思いました。

コーチにも、いつも正直な気持ちで接していました。しっかりと話をし、やるべきことを納得してやってもらうことを心掛けました。結果がついてこなければなかなか納得はしてくれない、という厳しさも味わうことになりましたが。

選手であれ、コーチであれ、どうしてその表情をしているのかに注意していました。それを冷静に分析して、自分が間違っているのであれば正しました。こう考えていたけれど、こっちのほうがいいから、やっぱりこうしよう、といった訂正は何度もしました。

自分がやりたい野球は、まったく考えませんでした。なぜかというと、僕の仕事は与えられた戦力で試合に勝たせることだったからです。

やらなければいけなかったのは、「このメンバーであれば、どんな野球をやれば、最も勝ちやすいか」を考えることでした。それしか考えていませんでした。どうやったら選手たちを勝たせてあげられるか、でした。

いい指導者は、恥をかける人

監督として代打を出したりすると、代えられた選手は嫌な顔をすることがあります。そうなると、僕も引っ張られて代えづらくなったりしかねない。だから、こういうケースを最初からイメージして、「答えを変えない」ことを自分に言い聞かせていました。

そして、なぜ代えたのかを選手にしっかり伝える。データがあります。その根拠だけを、感情を消して言うのです。

結果的に判断が間違っていたかもしれない、と感じたら反省しました。「こういう決断をすると、こういう形になる」と経験を積み重ねていく。それをずっとやってきました。

プロ野球の場合は、シーズンの半分近く負けても優勝することはできるのです。だから、どのくらいは負けてもいい、ということも頭に入っています。負けを次にどう活かすかです。ＷＢＣのような絶対に負けてはいけない戦いとは違います。

そして選手とのコミュニケーションで心掛けたのは、納得のいかない顔をする選手や影響力のある選手ほど、よく会話をしたことです。

練習中に呼び止めて、野球に関して軽く話をする。食堂で会ったときや移動中などにパッと近づいて、ちょっとした話から入っていく。大事な話がしたいときには、監督室に呼んだり、コーチを交えて話をしたりすることもありました。

基本的には一対一のスタンスです。**知りたいのは、本当はどう思っているのか**。それをまず知ることが絶対条件だと思っていました。長くやっているとだいたいわかってきたりもしますが、それでも真剣に耳を傾ける。コーチには、「選手の話をしっかり聞いて、常に寄り添ってほしい」という話をしていました。

人は、自分の心の底にある言葉を出せると、答えが出ていなくてもちょっとは納得できるものです。実は選手たちも、答えを求めているわけではない場合もあります。聞いてほしい、というだけのときもあるのです。特に今の時代は、**寄り添ってあげることが大事**だと思います。

コーチにもお願いをしましたが、大事なことは、僕が直接、聞きました。もちろん真剣に聞きますが、監督の僕には、本当のことは言わない可能性もあると思っていました。「どうしてオレを使わないのか」なんて話もそうです。これは、まわりのコーチ、マネージャーなどから、情報をもらって聞くように心掛けていました。

格好悪い話ができる人は、愛される

自分が監督になってみて、ヤクルト時代に仕えた監督に、申し訳ない気持ちになりました。もっと頑張って結果を出していたら、監督はもっと勝てたのにな、と思いました。

一方で、僕は扱いやすい選手だったと思います。反発したりしなかった。ただ、自分は監督として、そういう選手を求めていたわけではまったくありません。僕らの時代とは違う、という認識も必要でした。今は、選手は納得がいかないときは怪訝な顔をします。

いずれにしても、過渡期だったのだと思います。僕のような人間が監督になるような時代になったことも含めて。そもそも勝つのは選手です。先輩に気を遣って自分が出せないとか、監督が怖くてやりにくいとか、それではおかしい。

せっかく野球選手になったのだから、思い切ってやってほしいと思っていました。ダメなら、自分で努力できるはずだ、とも思っていました。

ファイターズの監督の10年間で、2度のリーグ優勝、1度の日本一を経験しました。しかし、苦しいシーズンが少なくありませんでした。メンバー選びに関して、采配に関して、さまざまな指摘を各方面から受けました。非難のようなもの、バッシングのようなものもありました。

苦しいときに助けてくれたのは、先人の言葉でした。パソコンのマウスを発明したダグラス・エンゲルバートという人が、こんな言葉を残していたのを覚えています。

「**人が成熟する速度は、その人がどれだけ恥に耐えられるかに比例する**」

恥をかくことが増え、それを我慢できるようになった分だけ、大人になっていく。なるほどなぁ、と思いました。そうやって思っていると、嫌な思いをしたり、恥をかいたりしても、我慢ができるようになりました。

実際、いい指導者は恥をかける人だと思っています。心が開かれている、と僕は表現しますが、自分のダメな部分を隠そうとしない。人間は、いいものも悪いものもたくさん持っています。とりわけ今の若い人たちは、さらけ出したほうが近づけたり、信頼できたりするようです。自分の格好悪い話ができる人は、愛される。

侍ジャパンの監督を引き受けたとき、こうノートに書きました。

「絶対に嘘をつくな。裸のままぶつかれ。わからないことは選手に聞け」

超一流の選手たちです。明らかに僕より野球はうまいし、野球のことを知っている。みんなで勝てばいいのです。

そして、本当に自分に嘘をつかないということが、自分に自信を与えてくれると思っていました。そうすれば、おかしな行動を取ることもない。自分への信頼が生まれ、信じた道を行けるのです。

第3章

すべてのことに、意味がある

病気になって覚悟したとき起きたこと

ヤクルトスワローズに入団して2年目、スイッチヒッターに転向した僕は、二軍からスタートしました。まだ左打ちがモノになっていない状況で、コーチからはこう言ってもらえました。

「スイッチヒッターでやっていくなら、心おきなく左で打て」

自分のレベルアップを優先していい、ということです。一軍でスタートできない悔しさはあったものの、実戦で経験が積める二軍スタートは、むしろ幸運と言えたかもしれません。

しかし、5月になって異変に襲われます。キャッチボールをしていると、いきなり目の前がグルグルと回り始めたのです。ボールが二重にも三重にも見える。足下が左右にグラグラと揺れ、すぐに吐き気も襲ってきました。これが、メニエール病の始まりでした。

目が回り出すと、ズボンがびっしょりになるくらい冷や汗をかきました。そして吐き気。身体がすべての水分を出そうとするのです。

最初のうちは1週間に一回くらいだったものが、しばらくすると3日に一回になり、やがては毎日のように悩まされるようになりました。病院で聞いて衝撃を受けたのは、原因は不明だということでした。

めまいは、耳の中にある三半規管が引き起こしていました。提案された治療法は、耳の中に注射を打ち、三半規管を一時的に麻痺させるというもの。入院し、3日に一度のペースで注射を受けていくことになりました。

これが辛かった。注射から15分も経つと猛烈なめまいが襲いかかってくるのです。それが8時間は続く。

立っていることはできず、ベッドに横になっていても身体が揺れました。しかし、この苦しみが終われば、また野球ができる、と信じていました。不安という悪魔から自分を引っ張り出すための時間だと思ったら、負の感情は湧きませんでした。

もっともっと苦しんでいる人がいる

そしてプロ3年目、オフにしっかり治療の時間を取った僕はメニエール病の不安もなく、キャンプから野球に集中することができたのでした。5月末にはスターティングメンバーに選ばれ、107試合に出場し、打率も3割を超えました。ホームランも4本打った。

しかし、シーズン終盤、またメニエールが再発したのでした。秋季キャンプには参加できず、1年前に続いて再び入院。しかも、1年前より症状は悪化していました。同じ治療をしても、退院後も体調が戻らない。

プロ4年目の春、僕はキャンプに参加できませんでした。入院していたのです。夜、いつも思いました。

「何でオレだけがこんな目に遭うんだ」

僕は、野球の神様を恨みました。そして、いつも願っていました。

「何か悪いことを、僕はしたのでしょうか？　どうかお願いですから、野球だけに全力を尽くさせてください」

そんな僕を目覚めさせてくれたのは、病院にいた10歳ほどの子どもたちでした。入院病棟にはテレビを囲んでソファーが置かれている休憩所があり、そこで出会ったのです。

彼らは僕よりも大変な病を患っていました。とても明るく振る舞っているのですが、いつまで生きられるかわからない。

僕は命までは脅かされていませんでした。それなのに、うじうじと思い悩んでいる。**野球の神様を恨む前に、やらなければいけないことがあるはずだ**、と考えるようになりました。

目が回っても野球をやってやる

母の言葉も大きかった。注射を打ったあとはフラフラになりますから、心配した母が身の回りの世話をしてくれていました。そんな中、母がこう呟くのを聞きました。

「かわいそうで、かわいそうで、代われるものなら代わってあげたい……」

自分だけが苦しんでいたわけではなかったのでした。母も、父も兄も、多くの人が心配している。そんなことには思いが向かわず、自分だけが苦しんでいると思い込んでいたのです。

この病気に勝ってやる。絶対に野球をやってやる。もし目が回るなら、それでもやってやる。

こんなふうに思えたときから、本当の意味で野球をやれ出したのかもしれない、と今は思っています。**目が回ったらどうしよう、ではなく、目が回っても野球をやって**

やる。目が回ってでも野球はやれる。野球をやりたい。そんなふうに思い始めてから、本気で野球がやれるようになったのです。

治療を終え、キャンプには間に合わなかったものの、プロ４年目も開幕を一軍で迎えることができたのでした。

実は最近まで明かしてこなかった事実があります。めまいは、定期的にやってきました。下を向いたり、頭を振ったりすると気持ちが悪くなる。しかし、その怖さがあるから、打つときに下を向かなくなったのです。そうすると、頭が動かない。

これがバッティングとしては、功を奏したのだと思います。目が回りそうになったとき、顔を動かせば回ってしまうので、顔をじっと固定する。そうすると、目線がブレないのです。結果的に身体の軸が安定し、バッティングの好調を維持できたところがあったのでした。

これまで明かさなかったのは、そんなバカな、と言われると思っていたからです。それよりも正直、メニエール病のことを考えたくなかった。病気のことを言うと、また再発するかもしれないという怖さがずっとあるのです。だから、あまりメニエール病については、明かさないようにしていました。それくらい、メニエール病は辛かった。

人生はいいも悪いも、はっきり姿を見せる

プロ5年目は、気持ちがあまりに前のめりになってしまい、ケガからのスタートになってしまいましたが、6月から一軍に合流できました。その後、スタメンに定着することができ、規定打席には達しなかったものの、3割3分1厘の打率を残すことができました。

翌年のプロ6年目には、最多の125試合に出場しました。打撃成績は平均的なものにとどまってしまいましたが、ケガなく1シーズンを過ごせたことには満足しました。

チームから与えられた役割も果たせたと思いました。犠牲バントの「37」という数字は、チーム最多でした。1試合4犠打のプロ野球タイ記録も作りました。シーズン終了後には、守備力に卓越した選手に贈られるゴールデン・グラブ賞を受賞しました。

人生は思うようにはいかせてもらえない。それは、メニエール病からの大きな学びでした。そして、それは誰しもが同じだと思っています。**人生には、いいも悪いも必ずあって、意外とはっきりと姿を見せる**のです。

だから、悪いことが起きたとき、いかに踏ん張ることができるか、が問われるので

す。

引退後、体調が悪くなる間隔が延び、ほとんど症状は出なくなっていきました。ところが実はファイターズの監督に決まった直後、メニエール病が再発していたのでした。1年間、身体が持つのか、という怖さに襲われました。

お前がやりたいことなんて、そんなに簡単にやらせない。そんなふうに言われているように思えました。人生はそういうものなのだと思います。

トラウマを原動力にする

僕が125試合に出場し、ゴールデン・グラブ賞を受賞した翌シーズン、ヤクルトの監督に野村克也《のむらかつや》さんが就任しました。そしてヤクルトの野球ががらりと変わったこの年、僕はポジションを失うことになります。

メニエール病の治療があり、キャンプこそ出遅れてしまいましたが、シーズン開幕には間に合ったと自分では感じていました。しかし、出場機会はなかなか得られませんでした。いつしか、監督と距離を置いていた自分がいました。

どうして使ってくれないのかと、悔しい思いをしました。しかし、悔しさを募らせているだけでは何も変わらないのです。

もう一つ心が揺らいでいった理由があります。メニエール病の再発です。だんだん結果が出せるようになった僕が決めていたのは、常に120パーセント、130パーセントで向かうことでした。そうでなければ、身体能力も高く、才能に恵まれた選手たちには勝てないと思っていたからです。

しかし、メニエール病がその意欲を削いでいきました。いつも気に掛かるのは、自分の体調のこと。朝、起きたときも、球場に向かうときも、ロッカーで着替えているときも、真っ先に頭に浮かぶのは、激しく動いたらメニエール病がひどくなっていくのでは、という怖さでした。こんな気持ちで野球に向かうのは、野球に対して失礼なのではないか、と思うようになっていきました。

こうして考えるようになっていったのが、「引退」でした。チームから戦力外を告げられたわけではありません。だから、現役を続けることもできた。球団の幹部からも強く引き止められた。それでも僕の決断は揺るぎませんでした。

キャスターとして一人前になりたかった

当時、まだ29歳。本当によく辞めたと自分でも思います。自ら辞めたのです。でも、あのとき辞めていなかったら、もう一度、野球の世界に戻ってくることはなかったと思います。監督など、ありえない。

そのまま現役を続け、目一杯のところまで行って引退していたら、僕は球団職員になっていたと思います。もしくは、学校の先生になっていたかもしれない。これも、誰かの意思があったとしか思えません。

さらに、あの年の監督が野村さんでなかったら、僕は後に監督になることはなかったと思います。**悔しい状況に追い込まれていなければ、今の僕はいない。**

しかも、「ＩＤ野球」を掲げた野村さんと一緒に野球をやっていなかったら、ベースになる野球の考え方も持てなかったかもしれない。野村さんがいなかったら、監督になっていないと思うのです。その意味で、野村さんには、とても感謝しています。

そして、野球で一人前になれなかったから、次の世界で一人前になりたいと思いました。中途半端に辞めた野球のトラウマは、僕の原動力でした。人に認められ、チームに貢献できる選手になれなかった情けなさを、僕は痛感していました。

いつか一人前になりたい、少なくとも人と同じくらいにはなりたい。そんな気持ちをずっと持ってきたのです。

もうユニフォームを着ることはないと思いました。幸い、いくつかの選択肢をいただくことができました。その中から、最も勉強ができるものを選びました。それが、テレビの力を借りて、いろんなものを観に行くことができるスポーツキャスターの仕事でした。テレビ朝日の報道番組『ニュースステーション』のスポーツコーナーを担当することになったのです。

評論をするのではなく、しっかり取材をする。取材を通して、スポーツを伝える。それが、当時の僕のスタイルでした。

当初はいろんなスポーツを取材していました。やはり、いろいろな世界を見ないといけない、野球という小さな世界にとどまっていてはいけないと思っていました。

印象深い取材がありました。ある学校に取材に行ったとき、校長先生がこんなことを言われたのです。

「自分の子どもの頃は、スポーツをやってはいけないと言われたんです」

戦争中は、身体を動かす余力があるのであれば、農作業に使えと言われたのです。スポーツで身体を使っても、何も生まれない。国のためにまったくならない、と。

僕は、改めて社会とスポーツの関係をしっかり考えないといけない、と思いました。「野球って、すごいんです」と言っても、何も伝わらないと思ったのです。これは、野球から離れたからこそ、見えてきたことでした。

苦しみから救ってくれたもの

僕の野球人生にはいろんなことがありましたが、苦しい記憶として残っているのは、プロ野球の世界に入ったばかりの日々、それからファイターズ監督時代の1年目、そして最後の3年間です。

監督1年目にパ・リーグを制覇できたものの、翌年は最下位。3年目が3位、4年目が2位、そして5年目の2016年に日本一になりましたが、翌年は5位。2018年こそ3位とAクラス入りしたものの、翌年からの3年間は5位に沈むことになります。

最後の3年間、チャンスもあったシーズンだったと思っています。とんでもなく、ひどい状況だったわけではなかった。その意味では、ただただ監督としての力が足りなかったのだと思っています。

しかし、僕の中では10年間の監督生活のうち、最も得たものが大きかったのは、この最後の3年間でした。どう手を打っても、なかなか勝ちにつながらない。順位につながらない。

もしかすると、最初の5年を終え、日本一になったところで監督を退任していたら、なんとなく自分は監督としてやれたかな、という思いで終わっていたかもしれません。しかし、残りの5年間、苦しんだことは、僕にとっては結果的に最高の時間だったのです。あの時間は、WBCの、侍ジャパンの監督のためにあったのか、とまで今は思っています。

勝てない苦しさは、とんでもなく辛いものでした。逃げたくなる。でも、逃げ場はない。どこにも行く場所がない。一人で悶々とするだけです。

ただ、人のせいにはしたくなかった。責任が選手に向かわないでほしい、という気持ちだけを持っていました。

毎年、大きな連勝をすれば勝負はできる、と考えていました。絶対優勝してやる、という気持ちは揺るぎませんでした。僕は絶対にあきらめないのです。

しかし、だからこそ勝てないと辛い日々になります。せっかく2つ貯金したのに、おかしな連敗をしてしまう。「どうしてなんだ。もう一回やるぞ」と向かっても、また連敗してしまう。こんな日々の繰り返しでした。

必ず勝てると思ってやっています。だから、苦しい思いはいずれ勝ちにつながる、と思っていました。これだけ苦労しているのだから、絶対に何かにつながるという思いもありました。

艱難辛苦《かんなんしんく》でしか、人は育たない

とにかく選手のためになりたいと思っていました。苦しくても、この選手が育つなら、我慢しようと考えていました。それが野球界のためにきっとなる、という思いは、もちろん人には言わないですが、持っていました。その根拠を見つけようとしていました。

苦しい日々の中、助けてもらったのが、本でした。

艱難辛苦でしか、人は育たない。人生なんて、いい悪いは半分半分。今までいい思いをしたなら、この苦しみは当たり前だ……。

そんな言葉と、次々に出会うことになりました。なるほど、人生というのは、そういうものなのか、と思いました。本からの学びがなかったら、僕は壊れていたかもしれない。**壊れないで済んだのは、先人たちの本に救われたから**です。大きな学びを得られたのです。

プロ野球は移動がたくさんあります。移動中に、とにかく本を読みました。移動先でも、朝から晩まで一日中、本を読んでいることもありました。無理矢理、読んでいたわけではありません。いろんなことを知りたくて読んでいると、気づくと夕方になっているのです。

苦しい日々の中でしたが、気分転換のようなものはできませんでした。気分転換は、それこそ勝つことしかなかった。それ以外は、何をしても気分転換にはなりませんでした。

しかし、何も考えない時間は意味を持ちました。本を読んでいる時間もそうでした。読書をしていると、余計なことは考えません。「そうなのか」「なるほど、こういうふうにすればいいのか」「こっちか」などとうなずきながら読む。

ただ、本ばかり読んでいたので、反省もあります。

「監督、笑顔を忘れちゃいましたか」

と言われたことがありました。選手たちは僕が苦しんでいるのを気にしてくれていたのです。みんな、いい選手たちでした。もっと明るくしなければいけなかった、と思います。ただ、当時は笑えませんでした。ベンチで笑うことなんて、できなかった。ファンの人たちの気持ちを考えても、できなかった。

僕が考えていたのは、**絶対に逃げてはいけない**、ということでした。やれることを精一杯やり切らないといけないんだ、と。そうすることが結果を生むと思っていました。

野球を信じていました。いつか必ず、と思っていました。そのときは、いつか必ず来る、と。

ファイターズの監督は、毎年1年契約でした。辞めろと言われたら、いつでも辞める覚悟はありました。ただ、やれと言われたら、やります、というスタンスでした。来年は絶対に優勝する、と信じているのです。しかし、いずれ辞めるときは来ると思っていました。

そして辞めることになった結果、侍ジャパン監督の話がやってきました。実はコロナがなければ、WBCはもっと早いタイミングで行われていました。そうなれば、ファイターズの監督を務めていた僕が侍ジャパンの監督を務めることはなかったと思います。

そういうことも含めて、いろいろなことを天にセットされていたのではないか、と僕は勝手に思っています。

今だけにとらわれない

人生、何が起こるかわからない。それは、僕の人生を少し垣間見てもらっただけでも、わかると思います。テスト生からのプロ入り。想像もしていなかったプロ野球の監督就任。さらには、まさかの日本代表の監督。だから若い人に伝えたいのは、今だけにとらわれてはいけない、ということです。

もし今、心が折れてしまっている人がいるなら、僕はただ寄り添うと思います。「頑張れ」とは言わない。ただ寄り添って話を聞く。どうして心が折れてしまったのかを理解する。艱難辛苦が人を成長させることを伝える。できるだけ目線を長期に向けていく。

努力はしていても、結果が出ないことはあります。でも、そこで**一番もったいないのは、結果が出ないことを嘆くこと**です。結果が出ていないこと以上に、嘆いていることがもったいないと思うのです。

今は結果につながっていないかもしれない。しかし、それは10年後、20年後、30年後に意味をもってくるかもしれないのです。相手が野球選手なら、僕はこう言うかもしれません。

「野球の世界だけで結果を出そうと思うな。求められるのは、生き様なんだよ。姿勢なんだ。なのに、こんなことをやっていたら、神様は応援してくれないぞ。お前のためにもならない」

僕自身、若い頃は結果が出せませんでした。ところが、驚くべき未来が待っていました。誰にでも、そのチャンスはある。ただし、そのためにはやるべきことをしっかりやっておくことが大事になるのです。今、結果が出せなかったとしても、その**努力が思わぬ形で未来に生きてくる可能性は間違いなくある**のです。

僕はファイターズで10年間、監督をして辞めましたが、196人の選手と一緒にプレーをしました。ただ、その多くがプロ野球で生活を成り立たせるところまではいきませんでした。その選手たちに対して、僕は何ができるのかをずっと考えてきました。

一人ひとりに何かができるわけではありません。結果が出せなかったことについては、もう謝るしかない。僕に力がなかったとしか、言いようがない。

本人の頑張りも足りなかったところがあった可能性もある。本人に「できる限りのことをやりました」と言わせてあげられなかったとしたら、僕に責任はあります。ただ、その一方で、生き様というメッセージは送ることができるかもしれないと思っていました。

自分がやり切ったことに対しての価値観のようなものは持っていてほしかった。それは、**「人はどうあるべきか」ということに他なりません。**生き様であり、生きる姿勢です。

見返りだけを求めたら、あるべき生き方を長続きさせることは難しい。目の前の結果だけを求めたら、苦しくなるだけです。

それでも、まずはそうであっても構わない。でも、最終的には目の前の結果ではなく、人はどうあるべきか、ということを自分に問うてほしい。人として、やるべきことをやってほしい。一生懸命に生きてほしい。僕はそう伝えてきました。それは、間違っていなかったと思っています。

キャスター時代に鍛えられた「伝える力」

思わぬものが、思わぬところで生きてくる。すべては今につながってくる。とにかく一人前になりたいと30歳で転身したキャスターでしたが、この報道の世界で、後の監督の仕事にも生きてくる、多くの学びを得たのでした。

初めての仕事となった『ニュースステーション』では、当時のとても優秀なディレクターから厳しい指摘を受けました。

誰かのインタビューに向かい、話を聞く。普通のキャスターなら、ここまでで仕事は終わりです。しかし、経験がなかった僕の場合は違いました。ディレクターと一緒に局に戻り、録画したビデオを見せられるのです。映像では、僕が質問し、選手が答えている。ところが、肝の質問になると、選手は答えにくくて、黙ってしまう。ディレクターは言いました。

「ここですよ。ここで栗山さんが、『あのさ、これはさ』と言葉を出してしまうでしょう。そうすると、ますます相手はしゃべりにくくなるんですよ。言葉が返ってこなくても、この間を我慢できないのは、ありえない」

ありがたい時代だったのだと思います。そんなことまで、ディレクターが手取り足取り、教えてくれたのです。振り返れば僕は、本当に愛情を持った人たちに出会えていたのだと思います。

当時の『ニュースステーション』のメインキャスターは、久米宏《くめひろし》さんでした。誰もが知っている日本一のキャスターです。番組に出演して1年ほど経ったとき、食事に誘われたのでした。

あまり出演者と食事に行ったりしない久米さんでしたが、共演していたキャスターの小宮悦子《こみやえつこ》さんを誘い、さらにはディレクターもやってきました。

久米さんは、ズバッと言いました。

「栗山くん、言ってもいいかな」

「はい」

「野球をやっていたから、出てもらっているわけじゃないんだ。プロとして、キャスターをしてもらわないといけない」

「はい」

「人間がテレビを観て、どの瞬間に集中するか、わかってる?」

僕にはわかりませんでした。

「それはね、VTRからスタジオに降りた瞬間の1秒間。それが、まったく活かせてない」

小宮さんは、「久米さん、それを今の栗山くんに言ってもわからないでしょう」と助け船を出してくれました。

テレビはみんな真剣に観ているわけではないのです。だからVTRが終わってスタジオに切り替わった瞬間は、人間が気持ちをふと持っていかれる瞬間でもあります。

たしかに久米さんは、その瞬間にエンピツでテーブルを叩いたりしていました。VTRで報道されていたことへの怒りを示すにしても、なんとなくでは伝わらない。1秒間で示せるか、なのです。

現場では、皆さんはプロとして命がけで伝えようとしていました。その本気さを、僕は強烈に学ぶことになったのでした。

物語にして語らないと伝わらない

こんなこともありました。日本シリーズの解説。1分間の映像について、原稿で解説していくのですが、一文字でも読み間違えると、映像の時間が足りなくなってしまうのです。それこそ「てにをは」を一つでも間違えると、入らなくなってしまう。

僕はよく言い間違いをしていました。ほとんど毎回間違えていました。ところがあるとき、ほぼ完璧にしゃべれたことがありました。今日は完璧にできた、と思っていたら、反省会で久米さんから「いい？」と言われました。

「今日のは、いいとか、悪いとかじゃなくて、きちんとわかりやすくちゃんとしゃべっちゃうと、わかんないことがあるんだよなぁ」

「えっ？」と僕は思いました。

一緒に出ていたディレクターも、このときは後で「あれは無視していいですよ」と言いました。

でも、僕は無視できないと思いました。久米さんが何を言いたかったのかというと、**言いたいことは、言葉だけで伝わるわけではない**、ということです。

それこそ、野村克也さんのように、スタジオに来て映像を見て「うー」とか言っているだけで、言いたいことが伝わってしまったりする。野村さんが、そのプレーを非難していることは、テレビには伝わるのです。

実は、それこそが大事だったのです。丁寧にきれいにしゃべってしまうと、スーッと流れてしまう。観ている人たちには、何も残らない。うまくしゃべればいいわけではまったくないのです。なんという深い世界なのかと、このときに思ったのでした。

しかし、後に監督になって、この学びが生きることになりました。何かを選手に伝えるとき、丁寧にきれいにしゃべったところで、伝わらないのです。「これはこうで、こうで、こうだよね」と言っても伝わらない。残らないのです。

僕は、物語にして伝えるようにしました。

「あるとき、こんな人がいて、こういう人に対して、こんなことをしたことがあった。これは、こんな苦しみを生んでしまった。実は今のお前は、こんなことをしていたのではないか……」

こんなふうに物語にしてあげれば、残るのです。単に言いたいことを言っているだけでは、伝わらないのです。

考えてみたら、久米さんは野球の世界で言えば長嶋茂雄《ながしましげお》さんや王貞治さんのような、超一流のキャスターでした。その人と一緒に番組に出させてもらい、その人から直接、アドバイスをもらえたというのは、厳しく、緊張感もありましたが、本当に幸運なことだったと思います。

そして、久米さんはそこまで考えていた。だから、プロ野球の世界でも、それ以上に考えなければいけないのではないか、という気づきにもなりました。

あの駆け出しのキャスター時代、本当に多くの人に支えてもらって、今はただただ、感謝しています。

監督の仕事に役立った１００回のアメリカ取材

キャスター時代、メジャーリーグを取材するようになり、僕は１００回以上、アメリカに渡ることになりました。渡航費だけでも大変な費用をメディアに負担してもらったはずです。

もちろん、視聴者のためになる、いい番組ができるよう、力を込めました。そうでなければ、テレビとてアメリカに簡単には行かせてもらえません。自分でアメリカに行ける企画を立て、企画書も書いていました。

こうして１００回以上、アメリカに行った経験が、大谷翔平をファイターズが獲得する際に大きく役に立ったことは、すでに書いた通りです。そんな僕がドラフトで入団交渉権をもらえたことは、やはり意味があったのだと思っています。

とにかくアメリカ大リーグの仕組みをはじめ、たくさんの勉強をさせてもらっていました。そして、ますます野球が好きになっていきました。

渡米するたび、野球グッズを買っていたのを、よく覚えています。毎回、大きな段ボール2箱分ほどのグッズを買い、家に送っていました。これは、後に書く「栗の樹ファーム」のコレクションとして展示しています。

そして、どれだけ野球好きなのか、自分でも気づくようになりました。

僕が最も憧れていた野球選手は、ジョー・ディマジオでした。アメリカの長嶋茂雄さんのような存在です。そして、後に離婚してしまうのですが、あの名女優マリリン・モンローと結婚していたことでも知られています。

そのモンローが亡くなったとき、もう夫婦でもないのに、ディマジオは葬儀を取り仕切っているのです。呼びたい人だけを招いた、30人ほどの近親者だけの小さな葬儀でした。そして、モンローはロサンゼルスのウエストウッド・メモリアルパークに埋葬されました。

それから20年間、ディマジオは週3回、自分の背番号にちなんで5本のバラをモンローの墓に供えたのでした。ただ、それを知った人たちがバラを盗んでしまうので、あるとき、やめてしまったのです。

その話を知っていた僕は、ロサンゼルスに行くたびに、スーパーで5本のバラを買い、ジョー・ディマジオに代わって、マリリン・モンローの墓に供えていたのでした。それくらいディマジオが好きだったし、そんなことをやっている自分も、けっこう好きでした。

ディマジオは、56試合連続ヒットという大記録を持っています。ヘミングウェイの小説『老人と海』にもエピソードが出てきます。こういう人がいてくれるおかげで、僕はますます野球が好きになっていったのです。

キャスターの仕事は、その野球好き、野球愛をますます大きなものにしてくれたのでした。そして時間があったので、マイナーリーグの取材もたくさんできた。日本の野球とメジャーの違いも、知ることができた。それを翔平に伝えられたのです。

ノーラン・ライアンが語った「やっぱり人なんだ」

メジャーリーガーにもたくさんインタビューしましたが、やはり忘れられないのは、ノーラン・ライアンです。メジャーリーグを代表するピッチャーの一人。27年にわたってメジャーでプレーしました。

それこそ僕は中学生のとき、ノーラン・ライアンとオジー・スミスという2人の選手の大ファンだったのです。そして僕が引退した翌年、ノーラン・ライアンはなんと7回目のノーヒット・ノーランを達成し、全米中で話題になっていました。彼は、僕が初めて取材したメジャーリーガーでした。

当時の『ニューステーション』で、ノーラン・ライアンに会いたい、と僕は申し出ました。なんともテレビにパワーのあった時代で、その2日後にはアメリカに向かっていました。2泊4日の弾丸取材旅です。

ところが、現地で球団広報から、「今は1000件の取材依頼が来ている。受けられない」と言われてしまったのです。途方に暮れながら悶々としていたとき、助け船を出してくれたのが、ノーラン・ライアンの奥さんでした。

たまたま球団事務所に来ていて、通訳の人が「この人たちは、わざわざ日本から来たのだ」と紹介してくれたのです。日本からの取材は、まだ珍しい時代でした。それで、「わかった、なんとかしてあげましょう」と言ってもらえたのでした。

ノーラン本人に話してくれたのだと思います。翌日、「明日の練習前、ブルペンの横に来なさい」と言ってもらえたのでした。そして、本当にインタビューが実現したのです。

このとき、僕は最後にどうしても聞きたかった質問を残していました。それは、「あなたの考えるメジャーリーガーとは?」でした。ノーランは言いました。

「メジャーリーグとその下部リーグのマイナーリーグの違いは、年俸や待遇に差があることではなくて、人に影響を与えられるポジションかどうか、ということなんだ。メジャーリーガーは、子どもたちに尊敬されるような行動を心掛けなければいけないし、そのために自分を律する必要もある。たくさんのお金ももらえるし、スターという地位も得られるけれど、その代わりにメジャーリーガーとしての責任を果たさなければいけないんだ」

　僕は思わず膝を叩きたくなりました。つまりは、**人としての生き方、生き様こそが大事、人間性こそが大事**なのだ、ということです。立ち居振る舞いも含めて、みんなが憧れるような人でないといけない。人としてちゃんとしていないといけない。野球がうまい以上に。

　こんなふうに超一流の選手から直接、学びを得ることで、僕は人としての価値観のようなものを確立させていくことができたのでした。そして監督になってからも、選手に求めたのは、まさにその価値観でした。やっぱり人だ、ということです。

　ノーラン・ライアンにしても、だからこそ、多くの人たちが憧れる存在になった。もちろん結果を出したわけですが、結果だけではなかったのだと思います。

　ただ、当時の日本の野球界には、まだそうした空気はありませんでした。サービス精神も、旺盛とはとても言えなかった。子どもたちのため、ファンのため、という思いはありましたが、率先して若い選手がサインをしに行くようなことはありませんでした。

「そんなことをやっている暇があったら、バットを振れ」

そんな時代でした。今はずいぶん変わりました。もちろん、ファンにサインする前に、やらなければいけないことがある。それもわかった上で、選手たちはファンのためにアクションしてくれています。

なぜ少年野球場を北海道に作ったのか

2002年、僕は北海道の栗山町に少年野球場を作りました。ログハウスが隣接し、僕がアメリカ取材で買ってきた野球グッズのほか、日本の名プレーヤーが使っていたバットやグローブなどを展示しています。僕の自宅も近くに作りました。名称は「栗の樹ファーム」。この少年野球場を作ったのも、アメリカへの取材がきっかけでした。

先に僕のヤクルトからの現役引退の経緯を書いていますが、実はもう一つ、きっかけになったものがあります。僕は辞める年、鼻骨を骨折してしまい、目が見えにくい日々を過ごしていたのです。ようやく見えるようになって、病院帰りに映画を観に行ったのでした。それが、ケビン・コスナー主演の『フィールド・オブ・ドリームス』でした。

農夫がトウモロコシ畑をつぶして野球場を作ると、すでに亡くなった往年の野球選手たちが続々と集まってくるというファンタジー感動作でした。この映画を観たことも、僕が引退を決意した理由でもありました。それは、このままうまくいかずに野球嫌いになってはいけない、という思いでした。野球を好きなままでいたかった。

それから引退後、アメリカ取材をするようになり、いつの日か、現存しているあの撮影現場を見てみたいと思っていたのです。そして、キャスターになって6年目の1996年、僕はとうとうアイオワ州にある、そのグラウンドを訪れることができたのでした。

ちょうど子どもたちが、たくさん遊んでいたのですが、ふと気づいたら、2つのチームに分かれて試合をし始めました。日本人もいたし、アメリカ人もいた。台湾人の子どももいました。

僕は感動しました。どんな言葉よりも、野球とグラウンドという環境が人と人とを結びつけ、楽しい時間を過ごさせている。やっぱり野球ってすごいと思いました。そして、「そうか、これを日本に作ればいいのでは」と考えたのです。

ただ、子ども向けとはいえ、野球ができる大きなグラウンドを作れる土地が、そうそうあるわけではありません。しかも、僕の持っているお金には限りがあります。それから日本中で探し始め、辿り着いたのが北海道でした。

ご縁は、栗山町のイベントでした。青年会議所の30周年の記念に、「全国から栗山姓の人を集めて、何かできないか」と栗山町は考えていたのでした。それで、たまたま野球好きな農家の青年が、僕のキャスターとしての事務所を訪ねてきてくれたのです。

僕はちょうどグラウンドを探しているところでした。それで事務所の社長に、「詳しい話を聞くついでに、ちょっと一度、現地を見てきてほしい」とお願いしたのです。

ここにグラウンドを作ったから監督になった

実は栗山町は、サッカーのコンサドーレ札幌の練習場があることでも知られていました。短い期間で芝生のピッチを、いきなり作ってしまった。それくらい、パワーのある町でした。

様子を見てきてくれた社長は、栗山町ならいけるかもしれない、と言いました。そして僕も見に行って、これはいい、と思ったのでした。広大な土地が必要でしたが、ちょうどいい場所があったのです。しかも、僕の予算でもなんとかなった。こうして、栗山町に少年野球場「栗の樹ファーム」ができることになったのです。

僕が栗の樹ファームを作ったのが、2002年。すると2004年、偶然にもファイターズが札幌ドームに本拠地を移しました。プロ野球の球場に、自宅から50分で通えるようになりました。まさか北海道に野球チームがやってくるとは思ってもみませんでした。

そして、さらに驚くべきことが起きました。そのファイターズから、僕は後に監督就任の依頼を受けるのです。

キャスター時代は、東京での仕事や海外での取材も多かったので、普段は管理をしてくれる人にお願いして、時間が空いたら栗の樹ファームに来る、という生活でした。例えば、夏の甲子園が終わってから来る。プロ野球のキャンプシーズンが終わってから来る。年末年始に来る。

だから、まさか北海道の野球チームで監督になり、栗の樹ファームから球場に通うことになるなどと、まったく想像していませんでした。しかし、後に本当にそうなるのです。

これは果たして偶然だったのか。僕は、北海道の栗山町に**グラウンドを作ったから、監督になった**としか思えませんでした。実際、グラウンドを作っていなかったら、監督をやっていなかったと思います。

ここから球場に通えた、ということもそうですが、栗の樹ファームを作ってしまった僕を見て、僕に新しいチームづくりを任せようと思ったのではないか、と感じたのです。

「野球を愛してくれたらいい」

というヨシの言葉はすでに紹介していますが、ここまでやる男なのであれば、勝負をかけてもいいのかな、と思われたのかもしれません。

自分が一番楽しんでいる

僕が持っているお金でできたわけですから、もしかするとプロ野球選手が次々に子どもたちのグラウンドを作ったら、日本に数百ヵ所、こういうところができることになるかもしれません。

子どもたちに試合や練習の場として貸し出すだけではなく、かつては、勝手に使っていいですよ、とバットやグローブを置いておいた時期もありました。

ただ、WBC優勝の影響で栗の樹ファームも知られることになり、全国から見学者がおいでくださるようになってしまったため、スタッフもとても対応できず、今は恐縮ながら栗の樹ファームは閉めています。ただ、子どもたちの試合には今も野球場を使ってもらっています。

もちろん、使用料は無料です。何か少しでも野球に恩返しをしなければいけない、という気持ちを僕はずっと持っていました。

ただ、正直を言うと、グラウンドができたことで、自分が一番楽しんでいたのだと思っています。

いわゆるボランティアは人のためになることをするわけですが、実は自分自身がものすごく幸せになれる瞬間があったりする、という話を耳にします。実は、**自分のためにボランティアをやっている**ところもあるのです。

子どものために、と思って天然芝の球場を作ったわけですが、作ってみたら何もかもが楽しかった。

実際、栗の樹ファームにいると、グラウンド整備はじめ、やることがあり過ぎるほどあります。芝刈りは一度で5~6時間かかりますが、これがまた楽しい。監督時代は、よく芝を刈ってから球場に向かいました。頭の中を整理できる、貴重な時間でした。

WBCで世界一になったお祝いで、ファイターズの本社が「シャウエッセン」と書かれた新しい芝刈り機を贈ってくれました。これが、とても優秀なマシンで重宝しています。

栗の樹ファームは、冬には、雪が降ります。かなり積もります。お正月には、栗山天満宮にお参りして、いただいてきた御神酒《おみき》をグラウンドに撒いていますが、時には、腰までの雪に埋まりながらになります。昼間中、雪かきをして道を作っても、あっという間に雪が積もってしまいます。

御神酒は毎年、必ず撒いています。野球の神様に感謝して。

野球の神様は必ずいると僕は思っています。WBCでも、野球の神様は見てくれていました。そうでないと最後、翔平で勝つ、なんてことができたとは思えないのです。

北海道の自然から得た多くの学び

ファイターズの監督就任の要請を受けたとき、驚いたことの一つが、偶然にも栗の樹ファームを作っていたことでした。ここから、球場まで通える。

監督などという大役は、無理矢理やるものではない、と僕は改めて思ったことを覚えています。自然にそういう流れができていった。天命というか、神様の導きがあったのだと思います。

札幌ドームで試合があるときには、栗の樹ファームをお昼くらいに出て、札幌ドームに向かっていました。朝早く起き、出かける前に草刈りをしたり、木を植えたり、その手入れをしたり、虫の居場所を作ったり。心が落ち着く時間でした。都会には自由に出入りできて自然に触れられる場所は少ないですが、ここなら何をしても大丈夫なのです。

それこそ最初にコロナで緊急事態宣言が出たとき、僕は50日間、栗の樹ファームか

栗の樹ファーム

Nipponham
JOHN DEERE
JOHN DEERE
JAWS

ら一歩も出ませんでした。食材は、お世話になっている人に買ってきてもらいました。誰もが大変な思いをしていた時期です。これから世界はどうなるのか、この状況下で野球はどうあるべきなのか。悶々とした時間に救いをくれたのは栗の樹ファームでした。

春先だったので、冬の間に折れた木を片付けたり、新たな花を植えたり、グラウンドの芝生に肥料を撒いたりする必要があった。やらなければならないことはいくらでもあり、時間が足りないほどでした。

改めて「栗の樹ファームを作っていて良かった」と思いました。不自由がまったくないわけではありませんが、**自然と共生する喜びを与えてくれる**。遠いですから、おいでいただく方にはお手間をかけてしまうのですが、自然の中にいる意味を実感しました。

侍ジャパンの監督になってからも、当初はコロナ禍のため、なかなか球場に視察に行くことができません。候補選手たちの試合は自宅で観るものの、選手の傾向を分析したり、どのタイミングでどう活かすのがいいのかなど、いろんな考えごとをしたりするには、栗の樹ファームは最高の環境でした。

実はファイターズの監督になって最初の2ヵ月は、栗の樹ファームから通うのは大変なのではないかと、札幌のホテルに宿泊していました。しかし、やっぱりずっとホテル生活というのは、苦しかった。

　そもそも札幌を離れて遠征に出るときも、宿泊はホテルです。それで札幌に戻ってもホテル、となると心が休まらない。通うのに時間がかかっても、と栗の樹ファームに戻ってきたのですが、ここがあって本当に助かったと思いました。

自然と向き合うときには、見返りは求めない

　もちろん、栗の樹ファームにいても野球の事は考えているのですが、気分が変わるのです。特に朝が気持ちいい。感度が高まる気がします。

　自然に囲まれていると「動物」に返りやすいのだと思います。ちょっとこれは危ないな、などという感覚も研ぎ澄まされるのかもしれません。

　自然と向き合っていると、「ああ、2年前に肥料をあげて手入れした植物が、やっと伸び始めた」なんてことがわかったりもします。育てるためには、我慢をしないといけないし、すぐには何も起こらない。でも、必ず反応する。自然を相手にすると、そういうことがわかるのです。

　これは、人を育てるのと同じだと思いました。植物を育てることで感じたことは、

野球でも生きたのです。

「焦るな、焦るな、選手たちも一生懸命やっているんだ。だから、**待たないといけないんだ**」

そんなふうに、いつも自分に言い聞かせていました。

また、自然は絶対に思い通りにはなりません。しかも、大変な強さを持っています。せっかく何かを育ててきても、大雪が降って折れておしまい、などということもある。

見返りを求めて、結果を求めて何かをしてはいけない、ということです。それは、自然を相手にしていれば、とてもよくわかるのです。

それでも、とにかく尽くすしかない。自然から学びなさい、と語っている本はたくさんありますが、本当にその通りだと思いました。

集中力も研ぎ澄まされます。富良野在住の脚本家の倉本聰《くらもとそう》さんにも教わったのですが、草刈り機にも注意しないといけません。草を刈り取るとき、気をつけないと木まで切ってしまうのです。だから集中力が鍛えられるよ、と言われました。

芝刈りにしても、自分でやるのは大変ですが、自分でやらなければ意味がないと思っています。時間がないときには人にやってもらったりしますが、なるべく自分でやれることは、自分でやっています。

自然と向き合っていると、何も考えない時間を過ごせます。何も考えないときというのは、一日の中で実はあまりない。本当に貴重な時間なのです。

「ただいま」と言っている自分がいる

もし栗の樹ファームがなかったら、この20年、どうしていたか。まったく違っていた気がします。生活も、人生も。もしかすると都会に住み、お酒を飲み、人と会い、ときどきゴルフをするような日々を送っていたのかもしれません。それはこの20年、ここでやってきたこととは、まったく違う日々です。

一日中、本を読んでいられるようになったのも、栗の樹ファームを作ったことが大きかった。冬の間は、雪が降って閉じ込められたりもするのですが、それも大きな意味があったと感じています。出られないときは、出なければいいのです。それが必然だというときもある。

一方で、少々、変わり者になったところもあるかもしれません。

孤独感のようなものはまったくありません。僕の場合は、年の半分くらいはあちこちを飛び回っていますし、誰かに会っているし、栗の樹ファームに誰かが来ることも多い。地元の人たちからも、とてもよくしてもらっています。

ファイターズの監督時代、近くにある子どもたちが集まる公園には、1勝ごとに白い花をずっと毎年、植えてもらっていました。それは、大きな力になりました。

WBCの優勝パレードも、町をあげてみんなでやってくれました。軽トラに乗って町を回ったのは、とてもいい思い出です。こんなことは、都市部ではなかなかできないことだと思います。

ふるさとができたという気がします。帰ってくると、「ただいま」と言っている自分がいます。

第4章
「信じ切る力」を育てる日常のルーティン

哲学者で教育者だった森信三先生は、前の授業が終わったあとの黒板がピシッときれいになっていなければ、授業を始めなかったのだそうです。そして自分が授業を終えたあとは、とにかくきれいにしておく。

人間というのは、弱い生き物だと僕は思っています。だから、習慣づけるとか、準備をするとか、形を整えていくことが、とても大事になるのだと思っています。

この章では、僕の日常のルーティンをご紹介します。

寸暇を惜しんで本を読む

たとえ数分という時間でも、何もしない時間にしない、という意識を常に持っています。何かをする。それこそ5分も10つながると、50分になるのです。

わかりやすい使い方は、読書です。僕は自宅のベッドのまわりに本をたくさん置いていますが、5分でも10分でもいいので、読むようにしています。

朝の時間も大切です。僕は栗の樹ファームで犬を飼っていて、早くに起こされるので、仕事が始まる前に時間ができることが少なくない。これが、読書の時間になっています。あとは移動の時間。新幹線や飛行機では確実に本を開いています。そのために必ず本を2、3冊、持ち歩いています。

読みやすいものだと一日2冊ほど読むこともあります。一度に、いろんな本を読み進めていくことも多い。途中で読むのをやめる本もあります。**そこに学びが一点でもあればいい**、という感覚です。

読むときには、ペンを手にしています。線を引いたり、メモしたり。ですから、メモ書きだらけの僕の本は、ちょっと人には貸せないです。

経営、ビジネス、哲学、小説など、いろんなジャンルの本を読みます。ランキングで売れている本もチェックします。

なるほど、今はこんな本をみんなが読むのか、こういうものが求められているのか、といった学びにもなります。そうすることで、若い人や若い選手との感覚のずれも確認できると思っています。

先人に学ぶ

古典をよく読みます。本を読む楽しみの一つは、いろんな偉人たちと一緒に生活しているような感覚が味わえることです。

孔子もいますし、稲盛和夫さんもいますし、森信三先生も、すぐ近くにいる。こうした人たちがいつもまわりにいるので、たくさんの教えをもらうことができる。嫌なことがあっても、本からの学びの中で、その処理の方法が見えてくる。

「お前さ、そんなの気にしてどうすんのよ。それより、こっちをやるとみんな喜ぶでしょ。そんなことは気にしなくていいの」

と、いろんな人が言ってくれるのです。アドバイスが降ってくるのです。

例えば、すでにご紹介している『易経』もそうです。WBCの後、ある易経研究家の先生が、僕の2023年の運勢と、WBCに向けて僕がやっていったことをすべて『易経』に照らし合わせて解説してくださいました。『易経』が言うところのやるべきことがすべてやれていた、だから勝ったのだ、という説明を先生からもらいました。

およそ5000年前に中国で生まれたのが、『易経』です。易は占いというイメージもありますが、実は占わないで答えを見つけるのが、『易経』なのです。『易経』に「時中《じちゅう》」という言葉があります。時《とき》に中《あた》る。つまり、そのとき最も適切なものを判断するために『易経』はあるのです。人生で起こり得るあらゆる状況を取り上げ、そのときに何をしなければならないのか、どうしたらそこから抜けられるか、答えを示している。5000年前から人間を分析し尽くして、一つの書物の形に仕上げているのです。

今は入門書もあります。ぜひ、読んでみてほしいです。

言葉を書いて貼る

ファイターズの監督時代、いろんな人の名言を監督室のボードに書いていました。部屋に出たり入ったりするときに、その文字が目に入ってきます。すると、何か迷っていたものに対して、ハッとするような気づきがもらえたりする。ですから、いろんな言葉を、毎日のように書き換えたりしていました。

人間は常に膨大な量の情報に接しています。でも、見えているようで、実は見えていなかったりするのです。新しい言葉も、自分の中に入っているようで入っていないのだと思っています。だから、目の留まるところに大事なことを書いておくといいのです。

自分が重要だと思うものを、まわりに置いておく。そうすると、使いたいときに、サッと使える。料理をするときに、目の前に塩コショウを置いているような感覚です。

巨人の川上哲治監督も、いろんな言葉を貼っていたそうです。それこそ、天井にも貼っていた。そうすることで、言葉が頭の中に入ってくるのです。

実は僕は昔から、貼るのが好きだったかもしれません。中学のとき、修学旅行で「忍耐」などと書かれた額を買っていました。スポ根の時代でした。

自分で書くと、より強く意識に残ります。自分の字で書いたものだと、目にも留まりやすい。

本を読んでいても、よく言葉を探しています。そして、気になる言葉は書き写します。ノートについては後に詳しく書きますが、忘れたくない、覚えておきたいから書いているのです。

そして、もっと覚えておきたいものは、毎日見るボードに書いたり、書いて貼ったりしています。

懐紙を持ち歩く

いつも、茶道で使われる懐紙を持ち歩いています。移動するときにも、スーツの内ポケットにボールペンと懐紙を入れています。何か気づいたことがあれば、メモするためです。メモ帳やノートもいいですが、懐紙はメモできるだけでなく、ハンカチを忘れたら手も拭けるし、靴も拭けて便利なのです。

大事なことを書いた懐紙は、ノートに書き写し、そのまま捨ててしまいます。捨てられなくて、その辺に置いたままにしていることも多いですが。

いつでもすぐに書ける、ということが大事です。見ることの100倍、書くことは大事なのではないかと僕は思っています。

戦前、大蔵大臣などを務め、2・26事件で凶弾に倒れた高橋是清は、日々「ワシントン・ポスト」や「ニューヨーク・タイムズ」を読みながら、大事なところを手書きでメモしていたそうです。

あまりにも忙しい中での取り組みだったので、秘書が「自分たちがやります」と言うと、「それでは意味がない」とメモを取り続けたそうです。昔の人は、書くことの大切さを知っていたのだと思います。

人間の良さの一つは、忘れることができることです。嫌なことがすべて残っていたら、これは苦しい。人間が生きていくために、忘れるという機能を、神様が作ったのだと僕は思っています。そもそも、すべてのことを覚えていたら、脳がパンクしてしまいます。

ということで、「あ、あの言葉、使いたいな」と思っても、「どこかに書いてあったな。誰がどう言ったんだっけ？」などということになる。忘れてしまうのです。だから、メモすることの意味がある。いつでもどこでも、メモをしたほうがいい。

ノートに書く

僕には著書『栗山ノート』がありますが、そのベースになったのは、実際に僕が書いていたノートの内容です。野球についてのこと、日々の思い、古典からの学び、経営者の著書をはじめとした本の内容など、僕は毎日、いろんなことをノートに書き留めています。

ノートの重要性については、理論的に説明されたりすることもありますが、僕はあまり**理屈や形にこだわる必要はない**と思っています。

それこそ、「今日はうれしかったな。誰々ありがとう」と書くだけでも、思い出しながら改めて感謝の思いが出てきて、「ありがとう」の気持ちは3倍くらいになります。それは、幸せを膨らませてくれると僕は思っているのです。

何かを書こうと思い立ったということが、重要なのではないかと思います。大事なことを書き留めておくことには、大きな意味がある。

また、発見もあります。あまり使わない漢字はついついひらがなで書いてしまいがちですが、時間があれば漢字を調べます。そうすると、「なるほど、この漢字には、こんな意味があるんだ」などと新たな発見があったりする。

こうした積み重ねによって、ノートには自分らしさが出てきます。だから、形からは入らないほうがいい。僕もさまざまな種類のノートを使ったり、項目を分けてみたり、いろいろしましたが、結局、**自分の心の思うままに残したいものを残す**、というのが一番いいとわかりました。

同じ形、同じ大きさのノートに書く

本の内容は忘れてしまいがちなので、読書ノートを別に作り、2冊、併用していたこともありましたが、うまくいきませんでした。2冊を書く時間がなかった。今はノートは1冊にしていますが、本について書くときにはページの冒頭に著者名とタイトルを書くようにしています。そうすることで、後からメモを探しやすくなるからです。

本について書くのは、とてもいいと思っています。読みながら線を引くだけなのと、それを抜き出してノートに書いていくのとでは、自分の中で残り方がまるで変わるのです。書いても忘れてしまうことがあります。書かなければ、もっと忘れてしまいます。

1年間に2冊。ファイターズの監督時代にも毎日、書いていました。反省や悔いも書きましたが、どちらかというと、その日の学びが多かった。この言葉が選手に響いた、などとメモしていました。ぎっしり書いていることもあれば、ランダムに思ったことを書くこともあります。ノートは、僕にとっては学んだことを残すツールです。

何があったか。誰に会ったか。どんなことを感じたか。選手と食事して、大事だと思った話も書きます。

その日、大したことがなくても書くようにしています。なんでもいいから、一言でも残す。忙しくて時間に追われているときには、読んだ本の言葉を書いたりすることが少なくありません。昼間、懐紙にメモした内容を転記することもあります。

毎晩、15分なり、30分なり、書く時間を作ります。眠くてしょうがないときは、適当になってしまいかねないので、書きません。次の日に、空いている時間をしっかり使って書きます。

ノートには日付はありませんので、自分でページの頭にまず日付を書きます。

今日一日を生きた、という気持ちが持てます。それは、とても大事なことだと僕は思っています。

そして何かあるときには、ノートを見返します。WBCのような大事な仕事のときには、過去のノートを見返して、何かいいことが書いてないか、探したりしました。

キャスター時代、取材メモをたくさん取りました。ところが、メディアごとに手帳やノートの判型が違った。それだと、もちろん原稿にしたものは印刷されたり形で残ってはいますが、なかなかノートの再利用は難しい。20年も取材したのに、ほとんど活用できていません。

残そうと思ったら、同じ大きさの同じ形のノートにするのがいいと考えて、今は同じノートを使っています。360度開けて破けにくい、ジークエンスのB5判のノートです。

WBCの優勝直後にも

WBCで世界一になった後にも書きました。シャンパンファイトがあった後、夜遅くまで取材に対応していて、朝方まで会見があったりしたので、寝ないでそのまま飛行機に乗り込みましたが、機内で書きました。

興奮していて眠れませんでしたから、今の感覚を書いておこうと思いました。世界一という自分が見たことがない景色を見たとき、何を感じたか。僕は楽しみに勝負に行っていましたから、そのときに見えたものを書こうと思っていました。

でも、わかったのは結局、何も見えないということだと書いています。「勝ちに不思議の勝ちあり、負けに不思議の負けなし」という言葉がありますが、負けると何かが見えるのです。これがダメだったから負けたのだ、と。しかし、勝ちは見えない。運や流れもあるし、相手が負ける可能性があるからです。

WBCが行われた年、2023年の元日には、僕はノートに、「自分の野球の答え合わせができるはずだ」と書いていました。

WBCの結果が、自分がやってきたことの集大成になると思ったからです。自分が監督としてやろうとしてきたことの方向性は合っていたのか。それともダメだったのか。それが見えるという期待感があったのですが、実際には答え合わせはできませんでした。

優勝後何日かして、二つ確信できたと思って書いたものがあります。一つは、

「人はこうやってダメになっていくということが明確にわかった」。いろんな人が、僕に取材をしたり、話を聞かせてほしいとお願いしたりする。そうやって、しゃべっていると、どんどん偉そうになっていくのです。

ああ、こんなふうに人は勘違いして、ダメになっていくのだと思いました。今回ほど、みんなが褒めてくれたことはなかったので、余計にそう思いました。

もう一点は、「僕に勝たせた理由があるのではないか」ということ。きっと何か意味があるのだろう、と。古典もそうかもしれない、と思いました。『栗山ノート』をはじめとした著書でもたくさん古典を紹介していますが、僕が発信すると興味を持ってくれる野球ファンもいると思うのです。

先に『易経』を紹介しましたが、素晴らしい古典がたくさんあります。多くの人に、そのことを知らしめるために、僕は遣わされたのではないか、と思いました。

何千年の歴史で先輩方が培ってきた大切なものです。それを僕が口にすることによって、一人でも次の世代に残していける。これは、大切な役割だと思っています。

元日に、自分との10の約束を書く

毎年の元日、ノートに自分との約束を書きます。数は10個と決めています。

僕はファイターズの監督時代、致知出版社から出ている『小さな人生論』を選手にプレゼントしていました。新書くらいのサイズで、文字も大きく、短編が続くので、読みやすい人生論です。

その本の最後に、お父さん、お母さん、学校の先生、監督、そして自分に向けて「将来、自分はこういう人になります」と選手一人ひとりに書いてもらっていたのでした。そして僕が、その最後のページにメッセージを書く。

それは、吉田松陰の言葉「**人間たるもの、自分への約束を破る者がもっともくだらぬ**」でした。人に言われたことはやらなくていいから、自分で決めたことくらいは頑張れ。そう伝えたかったからです。

自分で決めたことくらいは、自分でやる。これは、自分でも心掛けていることです。だから、元日に10の約束を書く。こうなる、と書く。

新年の約束を書くときには、前年までの約束を見ないようにしています。それで書いたあと見比べてみたら、「あ、3年前と同じ項目があるな」と気づけたりする。10あるので、重なることもあるのです。

同じことが何年も書かれていたりすると、「ああ、やっぱり、このことは自分の中でも大きな課題なんだな」ということに気づくことができます。

約束ですから、自分に足らないことを書いていることが少なくありません。「本当に愛情があるならば、もっとしっかり叱る」などと書いてあったこともあります。そのときそのときに足りなかったこともわかるし、例えば5年前から自分がどう成長しているのかもわかる。何が気になっているかもわかる。人は必ずしも本当のことを言ってくれないので、ノートを頼るのです。

人に見せるものではありません。言ってみれば毎年、1月1日に自分の心の中を、自分で知る作業です。一番わからないのは、実は自分だと僕は思っています。本当にわからない。だから、わからないのは仕方がないところもありますが、わからな過ぎるのは問題です。

「彼を知り、己を知らば」なのです。どうしてそう思ったのかも、自分ではわからないこともあるのです。だから、自分を知ろうとすることは、とても大切です。

椅子を入れる

森信三先生は、「しつけの三原則」を残しています。挨拶をする。返事をする。履き物を脱いだら揃え、席を立ったら椅子を入れる。日常生活で、やろうと思えば誰にでもできることです。しかし、それが簡単ではない。

そして実はこういうことが、野球にも出てくるし、人生にも間違いなく出てくると僕は思っています。プレーに出てしまうし、ちょっとした仕草にも出てしまう。

例えば、球際でどうしても顔が先に行ってしまう。実はこれは生活習慣から来ていることが少なくありません。やるべきことを一つひとつしっかり終わらせていないから、前のめりになって、こういうことになるのです。

翔平が大リーグのベンチでゴミを拾っているところが話題になりましたが、ゴミが落ちているのに気にならなかったりするのは、間違いなくプレーに出ると僕は思っています。

それは、ゴミそのものが気になるのではなく、ゴミを他人事にしないということなのです。「誰かがやってくれるだろう」というスタンスになってはいけない。これでは選手はうまくはいきません。

習慣が変われば、人生が変わる

これは人生もそうですが、野球といっても、最後は人なのです。そして人とは、つまり日々の習慣です。普段からやるべきことをやっていない、しっかり終わらせていないと、その習慣が野球に、人生に出てしまう。

だから、選手に「オレも今日から監督室の机を立つとき、必ず椅子を入れる。だから、お前もロッカールームを出るとき、ちゃんと片付けてから出ろ。約束だ」などとよく言っていました。

習慣が変われば、野球が変わるからです。本当に大事なとき、習慣はそこに出てしまうからです。

選手の人生にとっても、僕はプラスになると思っていました。例えば、自分が親になったとき、子どもに正しいアドバイスがしてやれるか。僕は野球を教えてやることはできません。このくらいしか選手には教えてやれない、と思っていました。

実はこれまで語ったことがないのですが、僕はファイターズの監督になってから、チームで移動する国内線飛行機の中で一度も食事をしませんでした。監督に用意されているシートは、ありがたいことに前のほうで、食事が提供されていたのでした。

しかし、全選手が同じシートに座っているわけではありません。エコノミー席には食事が出ないのです。食べられる選手と食べられない選手がいるのであれば、僕は食べられない選手に合わせるべきだと思っていました。だから、食べなかった。

何が平等なのか。僕はどんな行動を取るべきなのか、それをいつも考えていました。24時間、僕にカメラがついていると思っていた、とは先に書いたことですが、1人で部屋にいるときも、みんなが見ている、と僕は思っていました。

だとすれば、どうあるべきか。どう過ごすべきか。きちんと背筋を伸ばすし、時間の使い方を考える。常に意識していたことでした。

親や祖父母世代の教えの大切さ

子どもの頃、ご飯を食べているときに肘をテーブルについたら、父親に厳しく叱られました。そこにも、しっかり意味があったのだと思っています。

だんだん僕が思うようになっていったのは、僕たちがやらなければいけないのは、親世代や祖父母世代に言われたことを守っていくことなのではないか、ということでした。

嘘をついてはいけない。人のために尽くさないといけない。それだけを守っていれば、人は幸せになれる……。

まさにその通りなのではないでしょうか。父母や祖父母に教えてもらったことを、守ればいいのです。

ただ、わかってはいても、行動するのが難しい、というのも事実です。なぜなら、すぐに何らかの結果につながるわけではないから。

でも、わかって行動する、というところまでは、やらなければいけない。挨拶をする、誰かに会ったら笑顔をプレゼントする。ときには嫌なことがあって、そんな当たり前のこともできない場合もある。それが生活です。

ただ、だからこそ、できるようになることで、何かが大きく変わっていくのではないか、というのが僕の発想です。

「それをやったら、何かトクをするんですか」

と問われたら、そういうことではないと答えます。でも、そうでなかったとしても、ちゃんとすることで人は成長していく。そんな姿を、僕はたくさん見ているのです。

服装を整える

ファイターズの監督時代、遠征先のホテルの食堂にトレーニングウェアで来ないように、という通達を出していました。今はジャージに近いようなファッションもありますから、なかなか難しくなってはいますが、かつてはそうしていました。

服装は、気持ちを表すものだと思っています。例えば、昔の武士の和装は裃《かみしも》があったりして、とても面倒なものでした。

どうしてそんな服を着たのかというと、相手のことを考えて、だったのだと思うのです。相手が嫌な思いをしないようにする。人のことを考えて、自分がきちんとしておこうとしたのだと思うのです。そういうことを考えられることそのものが、大事なのです。

僕は多くの場合、夏でもスーツにネクタイをしています。クールビズもわかりますし、状況によってはもちろんTシャツで移動することもあります。それでも、やっぱり必要だと思えば、スーツにネクタイです。これが、僕らしいと思っているからでもあります。

ちょっとこじつけだとか、押しつけがましいと思われるかもしれませんが、自分でこうしたいと思ったことを守りたいのです。何の効果もないかもしれませんが、そう思っている自分がいるのです。人間は弱いから、形が大事だと思っているところが、僕にはあります。

スーツにネクタイを心掛ける

かつて巨人や中日の監督を務め、名将と呼ばれた水原茂《みずはらしげる》さんが描いた「ユニフォームの着方」という絵が、とある野球の記念館に残っています。ベルトから何センチ上着を出す。後ろの左右のポケットにはタオルを一枚ずつ入れる。最もきれいに見えるユニフォームの着方を残しているのです。

水原さんが中日の監督だった時代、当時は現役のピッチャーだった星野仙一《ほしのせんいち》さんはあるとき、チームで泊まっていた旅館で監督に呼び出されたのだそうです。行くと、監督は旅館の浴衣を着ていなかった。自前の大島紬をビシッと着て、星野さんに向き合われたそうです。

かっこいいのです。選手に伝えるためには、しっかり演出をしなければならない、ということを水原さんは考えていたのではないかと思います。

そして水原さんが言っていたのが、「人間は弱いから、形が大事なのだ」という言葉です。人間はついつい楽なほうに、ダラダラするほうに引っ張られてしまう。だから、形を作って、そこに自分を入れ込む。それが、何をする上でも大事なのだ、と。

僕はかつてこの言葉にとても納得したのでした。だから、スーツにネクタイなのです。

そういえば、何年か前、監督に何か質問を、という場面があって、選手から「監督って、ジーンズ持ってるんですか」と問われたことがありました。僕の普段着を見たことがなかったからだったのだと思います。

僕は、ファイターズ監督時代の10年間、移動するときも遠征先のホテルでも、一度もカジュアルな私服で食事に行ったことがありませんでした。ワイシャツを着て、スラックスをはいて、ホテルの食事会場に行っていました。

プロ野球選手として、ちゃんとした格好をしようね、ということではありません。家ではない場所なのです。**責任ある立場で人に見られるとはどういうことか**、自分がそれを示すしかないと思ったのでした。

Tシャツ、短パンで歩いているときと、いい素材のスーツを着てネクタイをしているときとでは、心持ちも変わるし、歩き方も変わると思っています。玄関を出るとき、自分が気に入った服を着ていることで、堂々と歩いて行ける。

それこそ、ちょっとサイズが合っていなかったり、染みが付いていたりすると、気になるでしょう。それだけで、臆してしまうというのは、どうなのか。人間の心は弱いのです。その弱さを助けてくれるものは、全部使ったほうがいい、というのが僕の解釈です。ファッションも、形の一つだと思います。

掃除をする

掃除というのは、心を整えるもの。そう教わってから、掃除をよくするようになりました。気になったら掃除機をパッと手に取ります。きれいにするということだけではなく、**自分の心を整える、自分の心を耕すのが掃除**なのです。

監督時代、さぁ出かけるぞ、というときに頭の中にイメージしたのは、真っ黒な畑の土でした。農作物の季節が終わり、真っ黒な土が平らにきれいに整えられている。心がそんな状態であれば、気持ちがざわつくことがないと思いました。すべてのことに対して、いいとか悪いとか、簡単に判断しなくて済む。乱れた感情で誰かに対して接したりしない。いつも平常心でいられる。

かつての名将・三《み》原《はら》脩《おさむ》監督が西鉄で、後に「鉄腕」と呼ばれ、3年連続30勝のエースとなる稲《いな》尾《お》和《かず》久《ひさ》さんを獲得したときの話が印象に残っています。出身高校の緑丘高校を訪れたとき、「獲ってもいいし、獲らなくてもいい」くらいのレベルに見えたのだそうです。

しかしそのとき、自分の心の中が真っ平らで平常心だったために、「それよりも彼のために」という思いが浮かんで、獲ることにした。もし、あのとき心がざわついていたり、何か嫌なことがあって乱れていたりしたら、「もう獲らなくていい」となっていた可能性があった。**人間の判断にいかに平常心が大事か**、というエピソードだと思いました。

仏教では、平常心を「びょうじょうしん」といいます。心をいつも整えておくことは、我々の生活でいかに大事か。それは仏教でも言われていることです。自分の状態を整えておかなければ、判断を間違えてしまいかねないのです。

何か嫌なこと、気になることに引っ張られたりすると、注意力が散漫になったり、集中力がなくなったりします。掃除をするというのは、それを止める作業だと僕は思っています。自分の心の中を整えることができる。

人間の心は、ざわつくものです。だから、一度、整えたほうがいい。気になっていることを引っ張りだして、平らにしたほうがいい。それができていないいま、何かが気になったままだと、ずっとざわついた状態になってしまう。

これではうまくいかないので、捨てるものは捨ててしまうこと、きれいに掃除をすることが大事なのです。

部屋をきれいに使う

監督をしていた頃、監督室はとてもきれいにしていました。ドアをいつも開けていましたから、選手もコーチも入ってくるのです。

閉めてはいけないと思っていました。ドアを閉じると、誰かを二軍に落とすといった話をしているのではないか、などと緊張感が増すと思っていたのです。開けていたので、いつも監督室はきれいにしていました。

もとより、それは、僕のものではないから、という思いもありました。そもそも監督室に置かれているものは、自分が買ったものでもないし、厳密には自分のものではないのです。

お金も実は同様です。社会は自分一人では成り立ちません。お金も、みんなが仕組みを作ってくれたので、たまたま今、自分が持っているだけの話です。すべては、生きている間の借り物。だから、本当は次の世代にお返しするものなのです。

そう考えると、あらゆるものは自分のものではありません。才能も含めて、自分のものではない。

「天からの使命があるから、神様がその才能を与えただけなんだ。それはお前のものではない」

こういう話を聞いたとき、ストンと僕の中で腹落ちしました。ならば、どうするべきか。もらった才能は、世の中のために活かさなければいけないのです。

挨拶負けをしない

ファイターズの監督室のボードにずっと書いていた言葉が「挨拶負けをしない」でした。

人間関係の7割は、挨拶から崩れると言われています。

「どうしてあいつは、挨拶をしないのか」

「挨拶ひとつできないのか」

などと思われたら、どんな世界でも、印象はすこぶる悪くなるでしょう。

ただ、挨拶は、下の人が上の人にする、というイメージがあります。しかし、僕は逆だと思っていました。上の人から下の人に挨拶をすることで、すべてはうまくいくと思ったのです。そうすれば、「どうしてあいつは」もなくなる。

監督が自分から挨拶をすれば、選手たちは必ず反応します。だから、挨拶は自分からすると決めていました。先に選手に挨拶をされたら、向こうの勝ち。僕は、「挨拶負け」をしないよう、心掛けていました。

お礼状を書く

何かをしていただいたら、お礼状を書く。お礼は、ものすごく気をつけています。ありがたいことをしていただいたら、ありがとうという形にするのは、当

たり前のことです。

あまりに多くなってしまったときには、できないこともあるのですが、時間があるときには、必ずお礼状を書きます。手紙が書けなかったら、ハガキを書きます。なんとかお礼が言えるよう、努力をしています。

手書きで書いています。ですから、いろいろな場所で、ちょっとした時間を使って書けるよう、工夫しています。筆ペンも持ち歩いています。ハガキなら、5分もあれば書けるのです。

そんな面倒なことを？　と問われることもあります。でも、これが逆の立場だったとしたらどうか、と思うのです。やはりうれしいでしょう。だから、お礼状はできるだけ早く出したいと考えています。すぐにお礼をしてもらえると、もっとうれしいのでは、と思うからです。

子どもたちからもらった手紙に、返事を書くこともあります。これも、きっとうれしいと思うから。返事が来た、と、おそらく一生、覚えていてくれると思うから。

昔、「王選手にファンレターを出したら返事が返ってきた」という話を聞いたことがあります。きっと野球が好きになってもらえたと思うのです。僕の手紙でも、野球を好きになってくれたらうれしい。野球をやってくれるようになったら、もっとうれしいのです。

食事に気を配る

現役時代から、身体には気を遣ってきました。食べるものであったり、寝る時間であったり。お酒もあまり飲まないです。監督時代もそうでした。**自分のコンディションが良くなければ、判断を間違えてしまう**からです。

監督としては、なかなか結果が出せない時期もあったファイターズ時代の10年間でしたが、一つだけ、これは良かったのではないか、と思っていることがあります。それは、1試合も休まなかったということです。体調不良などで、試合から離れたことは一度もなかった。

能力は別として、試合のときには必ずそこに立つ、と思ってやっていました。その責任だけは放棄してはいけない、と。監督を辞めるときには、これは少しだけ良かったかな、と思いました。

実は食事に関しては、子どもが好きそうなものが、僕は好きだったりします。ラーメン、カレー、唐揚げ、牛丼……。もちろん、気をつけてはいましたが、時々、食べたくなる。それで、WBCにも同行してもらったマネージャーの岸からは「監督、ラーメン食べすぎです」などと、ときどき叱られていました。健康でいられるのは、こういう人たちのおかげもあります。

普段は、**野菜をたくさん食べています**。監督時代は、とてもコントロールしやすかった。というのも、チームではビュッフェ形式で食事ができるからです。おかげで、食事が安定しました。

自分で料理をする

僕は自分で料理をします。現役を引退した後、NHKで5年間、料理番組に出演していました。料理はうまいと思います。野球よりもうまいかもしれない。あまり手の込んだ料理はしませんが、野菜炒めとか中華丼とか、普通の料理なら自分で作っています。

子どもの頃、プラモデルを作っていたような感覚で、楽しんで料理をしています。しかも、野菜を切ったりするのも速いです。

ここ数年、凝っているのは、玉ねぎです。ご近所の畑からいただくおいしい玉ねぎをみじん切りにして、めんつゆ、醬油、だしで味付けして、かつおぶしをかけるだけです。とてもおいしいし、ヘルシー。しかも、簡単です。

栗の樹ファームでも、栗やきのこが収穫できます。大きななめこのような北海道のきのこ「落葉《らくよう》」が採れると、自分で醬油漬けにして瓶に入れ、担当記者さんたちに配っています。後に詳しく書く、大晦日の神社での太鼓叩きを毎年取材に来る記者さんたちには、白菜の鍋料理、「ピェンロー鍋」を作って振る舞っていました。

僕の料理好きは、料理上手な母の影響です。母は子どもの頃から僕に料理人になれと言っていました。今でも、たまに母に電話して料理の作り方を聞いています。

監督時代は、食べる量にも気をつけていました。間食をすることもありませんでした。辞めてからは、ちょっと不規則になっています。実は、おせんべいが大好きだったりします。夜中に突然、食べたくなったりするので、注意するようにしています。

神社に参拝する

栗の樹ファームのある栗山町には、栗山天満宮があります。栗山町に住むようになって、どうしてもやらなければいけない仕事を頼まれて年越しを東京で過ごした2001年を除くと、12月31日から1月1日にかけての夜は天満宮に行って、太鼓叩きをしています。

お祀りしているのは、菅原道真。ということで、町の受験生に対して、栗山町の有志たちが合格祈願祭を年明けに行っていて、それを応援するためにも参拝するようになりました。

ところがファイターズの監督になってすぐに、優勝祈願祭も一緒にやってくれるようになったのです。年またぎで青年会議所の若者たちが、雪の中、僕を胴上げしてくれたのでした。そしてこの年、ファイターズはパ・リーグで優勝することができました。

ＷＢＣに向かうときも、僕はこの天満宮から出発しました。

勝負前に行くのは、東郷神社です。東郷平八郎が祀られています。日露戦争でバルチック艦隊を破るわけですが、本を読むとわかるのは、彼が連合艦隊の司令長官に選ばれたのは、運が強かったからなのです。**運が強いというのは、とても大事なこと**です。

経営の神様と呼ばれた松下幸之助さんも、人を選ぶとき、運が強い人を選んだといいます。運が強いというのは、おそらく何か理由があるのだと思います。例えば、どんなことが起こっても、ジタバタしない。余計なことをしない。人のことを信じられる。人のために動ける。そういう人だと思うのです。

僕には能力がありませんが、そういう方向には行きたいという憧れがあって、東郷神社にはお参りしていました。ＷＢＣにも、勝守を持っていきました。

第5章
相手を、信じ切る

この部分は信じ切る、と決める

誰かを信じるときに大切なこと。それは、見返りを求めないことだと僕は思っています。チームが勝ちたいから、この人を信じる、というのは順番が違います。信じる、が先にあるのです。

そうすると、信じていたことが間違っていなかったとわかったとき、それは自分にとっての大きな喜びになります。

結果が出ることとは、信じている人が結果を出したというだけの話に過ぎません。「信じて良かった。やっぱりそうだよね。お前の頑張りを見ていたからね」と思えるほうが、うれしいと僕は思っています。

信じてもらえたら、パワーは全開になるのです。しかし、そうなるには、信じる側が、本気で信じなければいけません。なんとなく信じている、ではダメで、信じ切らないといけない。それでようやく、相手は信じられていることに気づけるのです。

忘れてはいけないのは、**信じること、信じ切ることは、自分のためではないという**ことです。

一方で、会社で上司になったケースなどもそうですが、やみくもに人を信じることはしないほうがいいと思います。

ただ、信じてみないと信じていいのかどうかもわからない、というのは事実です。また、信じた通りにはならないことももちろんあります。そうなったら、違う判断を下せばいい。

注意しなければならないのは、相手のせいにしてはいけない、ということです。こいつはきっと前に進むと思って信じた。あくまで、自分が信じたかったから信じた。この思いを貫くことです。

そして、いずれにしても、**こちらが信じていない間は、相手はこちらを信じることはできない**ことも、知る必要があります。それが前提です。上司が信じてあげなければ、部下は上司を信じることはできないのです。

もし、会社のためにこの組織をなんとかしたい、こいつ自身をなんとかしたい、と思うのであれば、どこかで勝負をするしかない。そうでなければ、信じ合うことはできません。

そして、信じるといってても、すべてを信じるというのは違うと思っています。そうではなく、**この部分だけは信じる、と決める**。選手たちのことも、日常生活やプライベートまでコントロールをしようとは思いませんでした。すべてを信じようとしたら無理があります。

「このことに関しては信じている」

24時間すべての生活を見ているわけではない。だから、すべてを信じることはできません。ただ、このことだけは絶対に信じている。その思いを曲げない。

すべてを信じようとすると、齟齬《そご》が生じるのです。人間は完璧ではありません。絶対にダメなところがあるのです。逆に、行動でも、人柄でも、その人ならではの良いところもある。

「お前のホームラン数、このくらいは行くから。絶対に行くから」

と言って信じたら、もうあとは問わない。酒を飲もうが、夜更かしをしようが、本人に任せる。信じてもらったことを最後までやり遂げるために、本人が考えるからです。信じてもらって、少しは制限するようになるからです。これが、結果を変えるのです。

「これをオレは信じてるんだ。絶対、お前よりオレのほうが信じてるんだ」

ということが相手に伝われば、いろんなことが起こっていく。これこそが、信じ切るパワーなのです。

家族に関しては、もしかすると、信じようとする必要はないのかもしれません。なぜなら、ただ愛すればいいから。信じているとか、信じられている、というのは、家族の場合は、その後のことだと思うからです。

何があっても、自分は子どもだったり、パートナーだったりを愛しているという気持ちさえあれば、それはいつか信じ切る力に代わっていくはずです。そのベースになっているのは、本気で愛しているかどうかです。

僕は家庭を持っていませんので、選手たちが家族だと思っていました。愛するという言葉は、陳腐なのかもしれませんが、そのくらいの気持ちを持って物事に向き合っていました。それが、いずれどこかで信じ合える瞬間につながることを願っていました。

また、野球はちょっとうまくいかないけど、人としては信じている、という場合もありました。

家族は近すぎる難しさもありますが、「これ以上、大切なものはない」という感覚さえあればいいのだと思っています。

信じている気持ちを、どう伝えるか

本気で信じないと、相手もこちらを信じられない、というのは監督時代に実感したことでした。自分の言葉が上滑りしてしまうときがあったのです。

「そう思っているつもりになっているけど、本当にそう思っているのか」

こう自分に疑いをかけそうなときには、言葉が上滑りしてしまうのです。**そもそも本当のことしか、相手には伝わらない**と僕は思っています。本当に信じていると自分で思っていなければ、相手には絶対に入っていかない。**言葉だけでうまく伝えようなどというのは、絶対に無理**だと僕は思いました。特に今の世の中は、です。

本当に心の中にあるものしか、外には出ていかないのです。だから、

「自分は本当にそう思っているのか」

という確認をしなければなりません。その上で、どうすることが本当に心の中にあるものを、外に出すことにつながるのかを考える。

「どう？　元気？　頑張れよ」

といった、その場限りの安直な言葉は使わないほうがいいと思っていました。その場の空気をよくしようと出てきた言葉は、意外と逆効果になりかねないのです。むしろ、あえて何も語らず、黙っていたほうがいいこともある。

「あれ、監督、今日はしゃべらないよ。機嫌が悪いのかなあ」

と相手に考えてもらったほうが結局、良かったりすることもある。黙っていることそのものが、強いメッセージになるのです。

ただ、これは一例で、選手によって対応はさまざまでした。全員が全員、言わなくてもわかるわけではない。一から十までちゃんと説明しないとわからない選手もいました。信じている、という一言では伝わらない選手もいます。

「今日のあのピッチャー、真っ直ぐをインコースに投げてきたとしても、お前なら打てる。絶対に、打てるから」

こんなふうに、自分が信じていることを具体的な言葉にする作業が求められることもありました。

「いつか必ずこの球が来るから、それだけは仕留めろ。お前なら絶対に仕留められる。普通にやったら仕留められる」

WBCの準決勝、メキシコ戦9回裏で、村上に言った言葉は、典型的なものです。

「ムネ、最後はお前で勝つ」

信じているからこそ、村上には宿題を残した

打順をどうするかといった采配を決めるには、データなどの判断材料をまずは集めるところから始まります。そこから、もうこれしかない、と判断が出ることもあるし、なんとなく直感のようなものとして出ることもあります。

直感ですが、その場の直感ではありません。それまでずっと考えてきて、「どっちかな。これはやめたほうがいいのかな」と**何日も考えた末に出てきた直感**です。その瞬間に何かを感じて出てくるような直感は、ただの直感なので、それよりも熟考の末の直感のほうが大事だと思っています。

よく言われるように、何日も寝ないで考え尽くし、ふっと寝落ちしてしまった瞬間にポンと「あ、これだ」とひらめく。そんな直感があるのです。考え尽くして、脳が疲れ切ったときにヒュッと答えをくれる。そんな直感と、ただなんとなく出てくる直感とは、違う扱いが必要かもしれません。

WBCのときには、準備段階から、いろんなことを考えていました。試合相手のこ

とも考えましたし、選手たちのことも考えた。いつも接しているわけではない一流選手たちですから、どんな言葉にどんな反応が来るのかもわかりませんでした。

村上は侍ジャパンの4番に据えるつもりでした。しかし、途中で6番にしました。もちろん大会が始まる前から練習を進め、調子を上げようとしていましたが、状態は最後まで上がり切りませんでした。

大会が始まる前の最後の強化試合は、開幕2日前でした。4番に据えるつもりだった村上の状態がこのままでは、絶対に世界一にはなれないと思いました。打順を変えるしかない。しかし、それをどう伝えるか。

日本ハムの監督時代には、何も言わないで打順を下げることがありました。こうして危機感を煽っていくのです。しかし、侍ジャパンでは、これはやりませんでした。

強化試合が行われた京セラドーム大阪の監督室に呼んで、こう言いました。

「今日、打順を下げるよ。世界一になるためには、ムネ、お前の状態を上げないといけないんだ。違う打順から、いろいろ純粋に冷静に、どういう状況なのかを自分で感じてくれ。その代わり、明後日の開幕戦は4番で行く」

もっと自分を落ち着いて見てほしいから、こんなふうに言ったのでした。ところが、開幕しても、調子が上がらなかった。4試合が終わって準々決勝を前に、打順を下げることを決断しました。

泊まっていた部屋に呼ぼうと思いましたが、同じフロアに他の選手たちも泊まっていました。一人だけ特定の選手を呼ぶのは特別扱いになりかねないと思い、LINEを村上につなげて電話で話しました。明日は5番で行く、と。その後は、1試合ごとに、明日は何番で行くから、とLINEで伝えました。

準決勝のメキシコ戦は、彼のサヨナラ安打で勝ちましたが、状態は悪いままでした。実は決勝戦は4番に村上、というのが当初の夢でした。しかし、それはあきらめました。将来の日本野球のため、**将来の村上のために、宿題を残したほうがいい**と僕は判断したからです。

「宿題残すよ」

と彼には伝えました。いつか、この経験、この苦しみが彼に活きてくれると僕は信じています。

結果が出なくても、「今じゃない」だけ

準決勝メキシコ戦のサヨナラの場面。もし、村上が打てなかったとしても、僕の「信じる」が消えたわけではありません。**信じているのは同じです。いつか打つのです。**

いつか打つのだけれど、調子が悪いときもある。「いつか打つ」を信じて結果が出るのが、もしかしたら試合に負けてしまったあとかもしれない。それでも、いつかは打つのです。あれだけのバッターですから。

打順を下げたというのは、信じているものを、早く結果に結びつけるための作業でした。「いつか打つ」を前倒しさせる。彼らしくする。

だから、信じているのは、変わっていないのです。ただ、早く結果を出さないと優勝ができない。だから、打順を下げたというだけです。

調子の上がらなかった村上をスタメンから外すという選択肢はなかったのか、とよ

く聞かれましたが、あのときにはありませんでした。もし、ＷＢＣがもっと長い戦いだったとしたら、あったかもしれません。

スタメン落ちのようなショック療法を一度ガツンとやって、少しずつ時間をかけて元の状態に戻ってもらい、最後の活躍を信じる。プロ野球のペナントレースなら、戦いが長いので、それもあったかもしれませんが、ＷＢＣでは考えませんでした。

そして僕が考えていたのは、村上は日本の野球界を背負う男だということです。日本の野球界にどんな意味を持つのか。その思いで僕は動かなければいけないと思っていました。

何を頭に浮かべて、言葉を伝えていくのかは、とても大事だと僕は思っています。人は感情の動物ですから、何を考えてそれを言っているのかは伝わってしまうものです。そして、何を根拠に伝えるかも重要になる。そこまで考えるという誠意が求められるのです。

村上自身、日本の野球界を背負う覚悟を持っていたと思います。それまでの会話でも、なんとなく、そういう気持ちは伝えていました。

だから実は最初に打順を下げたとき、僕のマネージャーのところにやってきて、こう言っていたそうです。

「監督、悩んでいましたか？　僕のせいで迷惑をかけてしまって」

一流の選手というのは、こういうことを考えるのです。だから僕も誠意で向き合わないといけないと思っていました。逆にいえば、余計なことは言わなくてもわかってくれるという思いも持っていました。

選んだ基準は、その選手と心中ができるか

そして打順は下がったけれど、村上はサヨナラという結果を出した。そこに至るまでには、さまざまな伏線がありました。それは、物語だと思います。一人ひとりの物語です。苦しくても、やめることはない物語。ヒリヒリするような瞬間に立ち会うからこそ生まれる物語です。

物語自体は選手が作っていますが、指導者にはそれを修正できる可能性がります。物語に赤字を入れられるのです。「ちょっと待って」と言える。これは、我々指導者の仕事の面白さでもあります。今回のWBCは正直、こちらの描いた絵の通りに進み過ぎて、驚いてしまったのではありますが。

12年間の監督生活で、ここまで描いた絵の通りというのは初めてでした。だから、僕自身の物語としても、大きなものになりました。

一人ひとりの選手については、いろいろな人から情報をもらいました。選ぶときには、選手をよく知っているコーチにも話を聞きました。自分のチームの選手なのに「オレなら選ばない」と語ったコーチもいます。

「え、それはどうして？」などと、たくさん話を聞きました。情報は、ありとあらゆるところから、手に入れました。

選手選びで大事にしたことのひとつは、困ったとき、苦しくなったときに、どんな行動を取るのか、でした。例えば、自分が打てなかったりしたときに、まわりの選手やチームに嫌な思いをさせるようなことはないか。こういうことは、一緒にチームでプレーしていなければわからないことです。

もちろん選手には、いい情報も悪い情報もあります。僕が基準にしたのは、その悪い情報が入っている中で、それでもその選手と心中ができるか、でした。つまりは、信じ切れるか。それが、僕の侍ジャパンの判断基準でした。

そして選んだ以上は、信じ切っていくと決めていたのです。

リーダーは、結果で信用を得る

思い起こせば、ファイターズの監督5年目の2016年、2度目のリーグ優勝を果たし、日本シリーズを制して日本一になったことがあります。

しかしこの年、ファイターズは6月の時点で首位を走っていたソフトバンクに11・5ゲーム差をつけられていました。

プロ野球の長い歴史でも、これほどの大差を跳ね返して優勝したチームは数えるほどしかありません。ほとんどの野球関係者は、パ・リーグの優勝はソフトバンクだと考えていたと思います。

しかし、僕はあきらめていませんでした。むしろ、ワクワクしました。

「ここまで差をつけられて、もしひっくり返したら、これは面白いな」

追い詰められたときのほうが、僕は落ち着いていました。普通にやって勝つ以上に、落ち着いていました。

「そうか、こうなれば、やっちゃいますか」

とまで思っていました。

札幌ドームの監督室の壁に、『**真に信ずれば知恵は生まれる**』と書いた紙を貼りました。僕は自分に問いかけました。お前は本当に勝とうとしているのか？　勝とうとしているんだろう？　選手に喜んでほしいんだろう？　選手を信じているんだろう？　それなら、勝つことから逆算していま何をしなければいけないのか、知恵を絞るべきだろう？

11・5ゲームの差です。**普通にやっていたら流れは変わらない**。思い切ったことをやるしかないと思いました。こういうときは思い切れるのです。

ソフトバンクは、2014年、2015年と日本一に輝いていました。僕たちは前年、17もの貯金を作ったのですが、それでも2位だった。ソフトバンクは本当に強かった。そのチームに大差をつけられているのです。

この年もある程度、戦っているのに、こんなに差が開いてしまった。追い越すどころか、追いつくのさえ至難の業。しかも、予算も潤沢にはない僕たちが、知恵と工夫で彼らを上回ることができたら、どんなにうれしいことか。

「何か大きなことをしでかしてやるぞ」

と思いました。どこかでインパクトのある戦いをしなければいけなかった。

「1番、ピッチャー、大谷翔平」

折しも7月頭にソフトバンクとの3連戦がありました。どうやったら、大きな手が打てるか。1ヵ月ほど前から考えていたことを実行に移しました。

「1番、ピッチャー、大谷翔平」

実は事前にまわりのスタッフに伝えたら、苦笑されました。

「監督、もう何をやっても大丈夫ですから。好きなようにやってください」

僕のことを最も理解している人たちに、こう言ってもらえた。そのくらいインパクトがあるなら、可能性はあるな、と思いました。

ソフトバンクの本拠地で流れた先発と打順のアナウンスに、球場がどよめきました。良かったな、と思いました。これで勝ち切ったら何か意味があるな、と思ったのです。

選手たちがどう思ったのかはわかりません。文句を言いたかった選手もいたかもしれない。しかし、面白いと楽しんでくれたのだと思います。こんなことが、本当にやれるんだ、と。

プロ野球の世界では、ありえないことでした。先発ピッチャーが、初回の先頭バッターになるのです。もし、フォアボールで出たりしたら、ずっとランナーで塁上にいる可能性がある。そうなれば、ピッチング練習もしないで次の回に投げるのです。とんでもないことだな、とみんな思いながら翔平を見つめていたら、もっととんでもないことが起きました。初回の先頭バッターとしてバッターボックスに入った翔平は、いきなり初球を右中間スタンドに放り込んだのです。

ホームランを打ち、ゆっくりベースを回って、歩いてベンチに帰ってきました。そして、悠々とピッチングの準備を始めました。この試合を2対0で勝利しました。

実は前日、翔平を呼んで僕は伝えていたのでした。

「明日、1番ピッチャー、大谷で行きます」

翔平は、ドラフト後の交渉のときのようにじっと黙って僕の話を聞いていました。

「まあ翔平、いろいろ言われるかもしれないけど、いきなりホームラン打って、ゆっくり帰ってきて、1対0で完封すれば、それで勝ちだから」

翔平はうなずいて、何も言わずに出ていきました。そして、試合当日、

「ホームラン打ってきまーす」

とベンチで僕に告げて、打席に向かったのです。ホームランしか狙っていなかっ

た。そして、その通り打ってしまう選手がいるのです。やっぱり、本当に野球はすごい。想像をはるかに超えることが起こるのです。

こういったことの中から、「これは何かが起こるぞ」というムードになっていた選手たちが、優勝することを信じ始めた。

「この監督、ムチャクチャだけど、この人の言うことを聞くと、もしかするといいことが起こるかもしれない」

そんなふうに感じてくれたのかもしれません。

監督は、結果なのです。**結果を出していくことで、信用は大きく高まっていくのです。**いくら監督が「優勝する」と言っても、それを行動に移さないといけない。その様子を見て、選手たちは勝つことをより強く信じられるようになり、本気で勝負していくのです。

僕は、「11・5ゲーム差を絶対にひっくり返す」とメディアの取材で言っていました。「監督はそうは言うけど」と選手は思っていたでしょう。しかし、そこでいかに本気になってもらうか。それには、思い切ったことが必要だったのです。

だから、優勝を信じ切ることができたのです。

判断基準は、相手のためになるか、ならないか

選手について何かをしようとするとき、監督としての僕が強く意識していたのは、これでした。

「選手のためになるか、ならないか」

ファイターズ時代は、球団も同じ判断基準を持っていました。

例えば、メジャーに挑戦したい選手がいたとする。どうしても行きたいと言っている。でも、能力的に今、行っても成功しないと判断したら止める。それは、選手のために止めるのです。

しかし、力があって行きたいのに「もう一年我慢してくれ」はしない。なぜなら、その一年間は無駄だから。

人間は、心が必死にならないと、いいことは起こりません。本当に行くと決めていて、本人の能力が備わっていると判断できれば、行かせるというのが僕やGMのヨシ

のスタンスでした。

実際、ダルビッシュもそうでしたが、ファイターズはどんどん選手を外に出しました。ドラフトで指名しても、相手が納得しないならあきらめました。FA（フリーエージェント）でも引き留めなかった。もし、引き留めていたら、大変な選手層になっていたと思います。

でも、しなかった。出たい人たちのためには、そうしたほうがいいし、そうするべきだと考えたからです。挑戦するべきなのです。

監督としては、「あの選手がいてくれたら」などと冗談で言ったりしていましたが、**選手を出すことに対して、球団に文句を言ったことは一度もありませんでした。**

高校時代から、メジャーに行きたいと宣言していた翔平についても同じです。

例えば、翔平が入団したのは、ファイターズがリーグ優勝した翌年です。チームが優勝すればその先数年は、チームの将来についてビジョンを描く余裕ができます。その年、チームは最下位に沈んでしまいましたが、だからこそ、若手を積極的に使うことができたのも事実です。翔平にも、思い切ったことをさせられた。翔平がメジャーに行くために物事が進んでいるな、野球の神様が絵を描いているな、と僕は思っていました。WBCの決勝戦のずっと前から、そんな流れができていたのです。

メジャーに行くまで日本にいる時間が短ければ短いほど、ファイターズを選んでくれた彼に対する誠意になると僕は思っていました。早く行かせてあげられれば、彼も喜ぶ。そのほうが、彼のためになる。ただ、それは力をつけてから、が条件でした。

僕はまず、「チームを優勝させてから行け」と言っていました。なぜなら、「二刀流は優勝するためにあるんだ」と彼には言ってきたし、僕はそう信じていたからです。だから、チームに貢献してから行くべきだと思いました。

翔平の言う通りに使ってはいけない

入団4年目の2016年、翔平はチームを日本一にしました。先にも触れた、大差がついていたソフトバンクとの優勝争いに勝ち、日本シリーズでも勝ったのです。あの日本一は、翔平の活躍があってこそ、でした。

これで翔平は約束を果たしました。日本にいるのは、目途として5年と言っていましたが、ここからは翔平の選択でした。5年である程度、身体ができて、プロの野球をそれなりに覚えられると僕が踏んだ5年に、ぴったり照準を合わせてきたわけです。

やっぱり神様がいると思いました。1年、余裕を持たせて、4年目を優勝で終えた。さあ、あと1年準備してアメリカ行きだ、とできるわけです。

翔平の4年目のシーズンが終わったオフから、僕は1ヵ月半おきくらいに、翔平に本当にアメリカに行くのか確認していました。5年目のシーズンは、開幕直後に大怪我をしてしまいました。ファーストに向かうときに肉離れを起こしてしまった。しかし、肉離れだけは、どうしても起こるのです。

ここから2ヵ月半、翔平はチームを離れますが、その間も「本当に今年が終わったらアメリカに行くのか」と僕は確認していました。翔平は一切、ブレませんでした。「行きます」と毎回、必ず言っていました。

それくらいの覚悟がないと成功はできないと僕は思っていましたが、大怪我をしているときも、「行きます」はまったく変わりませんでした。チームに戻ってきたのは、オールスター直前の6月でした。そこから、翔平は準備をしていくのです。

翔平についてのドキュメンタリー映画がディズニープラスで配信されましたが、その中で翔平から一つ、僕は質問を受けたのでした。

「監督、僕がどの程度できると思っていましたか？」

実は僕は、もっと活躍することもあり得ると思っていました。ホームラン王だってあり得るし、ピッチャーの勝ち星はもっと伸びると思っていました。ひょっとしたら20勝するかな、くらいに思っていたのです。

ただ、チームが勝てなければ、ピッチャーも勝てない。何試合使うかは本当に難しい問題で、何が正解かはわからないのが前提ですが、勝ち星を増やしたいなら、試合数をコントロールしたほうが、というのが僕の考え方です。でも翔平は、投げたくてしょうがない。ただ、人間は自分のことは、なかなかわからないのです。

2016年にファイターズがリーグ優勝したとき、残り3試合でマジック1というヒヤヒヤの状況でした。残り2試合で翔平の先発が決まっていたのですが、それ以外でも「出してくれ」と翔平はマネージャーに言っていたようでした。

マネージャーが「翔平が怒ってます」と言うので、僕は「怒らせとけ」と返していました。**より良い結果を出すために、休ませなければいけないときは、休ませなければいけないのです。**

自分のためではなく、相手のための理想を持つ

監督というのは、自分の理想の野球を追いかける仕事ではないと僕は思っています。そのときにいる選手でどんな野球をやったら優勝できるのか。それを考えるのが、仕事だと僕は思っています。

だから、チームの理想ではなく、指導の理想、そしてそれぞれの選手にとっての理想を、どこかでしっかり持っておかないといけない。そういうものをしっかり作っておかないと、なかなか前には進んでいきません。

理想がブレてしまうと結果やチームの状況に影響され、右往左往してしまう。**環境に支配されているうちは、人間ができていない証拠**だ、と言われることがあります。しかし、人は環境に引っ張られてしまうのです。本来は、チーム状況や勝ち負けに引っ張られてはいけないのです。逆に、人間ができていれば、環境を支配できます。

どこに行くべきか、という形はイメージしたほうがいいですが、それは自分の理想ではありません。むしろ、選手の理想です。選手だったら、どうすることがうれしいか。

僕は監督として持っている価値観や、それを評価してほしいという私心はすべて消していました。「選手にとって一番いいものって何だろう」と常に考えていました。これだけはさせてあげたい。こういうプレーができたらいい。そうした選手にとっての理想を持つ。指導者は、選手の理想を意識するべきだと考えていたのです。

これがブレなければ、「今日ヒットを打ったけど、これは打ち方がちょっと違うな」と言ってあげなければいけないときには、言うことができます。そういうことを強く意識していました。

結果が出る形を考える。新しく選手が入ってきたら、「彼の今のスイングであれば、あのピッチャーに対しての起用ならヒットが出やすいな」と考える。ただ、そんなことは本人には言いません。知らん顔をして、うまく使っていく。結果が出るように持っていく。そういう取り組みは、常にやっていました。

ただ、それでも結果が出ないときは出ない。だから、出なかったときの選手への言い方や、そこまで持っていくための話の順番などを最初から考えていました。

「今は結果出なくていいのよ、ＯＫ」「よしよし」「何かおかしかった？」といったところから入っていって、次に自分で要因を見つけてくれればいいと考えていました。

褒めるのは、心を開く作業だと僕は思っています。ちょっと心地良くなったときのほうが、人は心を開く。逆に、文句を言われたり、これこれをしろと言われた瞬間に攻撃的になったり、反発しようとする可能性が高くなる。言葉が心に入っていかなくなる。

聞く環境を作ってあげるために、褒める。逆に、聞く環境があるのであれば、あえて褒める作業は必要ないかもしれません。

最低限のルールは「絶対に人のせいにしない」

プロ野球では、先発ピッチャーがリードを保ったまま5回まで投げてその試合に勝てば、勝ち投手の権利を手にすることができます。ところが、その後、リードしているにもかかわらず、途中でピッチャーを代えざるを得なくなることがある。

こういうときには、絶対に勝ち星をつけてやらないといけないと思っていました。ピッチャーを代えて逆転されたりすると、勝ち星はつかなくなってしまう。こうなると、「少なくとも逆転までは任せろよ」という気持ちが残ってしまう。

「途中で代えたら、絶対に勝ち切る」

監督として、僕は自分の中でいくつかルールを決めていました。これも、その一つです。たくさんは必要ないと思いますが、自分なりのルールを持っておくことには、大きな意味があると思っています。

自分で思うことと違うことをやっても、試合に勝てれば、それでOKという考え方もあるでしょう。

しかし、自分なりにうまくいっている根拠がなかったとしたら、いずれは崩れていってしまうと僕は思っていました。そんなふうにならないためにも、自分の中で最低限のルールだけは決めておかなければいけない、と。

例えば、人と人とのコミュニケーションでも、もしかしたら嫌な思いをしたのではないか、と思える一瞬の表情があったりします。「はい」という返事が戻って来たけれど、「え?」という顔を実はしていたりすることもある。

たったこれだけのことで、人間関係が壊れてしまったり、ビジネスでも商談がうまくいかなくなったりしてしまうものだと思うのです。だから、そういうことにならないように、自分なりのルールを定めておくのです。

僕が最も大事にしているのは、「**絶対に人のせいにしない**」ということです。監督時代にも、絶対に人のせいにしない、と決めていました。

僕が責任を問われて批判されることはまったく構わないと思っていました。だから、いつも「監督の僕のせいです」「僕の責任です」「オレが悪い」と言っていました。逆に、「オレが悪いじゃねえよ。ちゃんとやらせろ」と批判されることもありましたが。

「僕のせいである」と言うことは、僕自身として大事にしてきたことでした。僕は人間として力不足で、すぐに人に引っ張られたり、環境に左右されてしまったりするから、そう思っているのかもしれません。でも、これは貫きたいのです。

もちろん、人間だから、自分かわいさもあります。自分にとって、それはプラスかマイナスかも浮かぶ。それが浮かぶ自分が嫌ではありますが、浮かぶことはあります。

しかし、監督をやっていたとき、わかったことは、自分より先に選手のことや組織のことを考えないと、絶対に前に進まない、ということです。その意味では、監督になったことで気づけた、大きな転換だったと言えるかもしれません。

結果を得るための最短ルートは「無私」

ヤクルトでの現役時代、チームの勝利のために自分ができることをやる、という意識を持っていました。

ただ、最大限努力はしましたが、まだ未熟な僕は「自分が自分が」というところもあったのが、事実です。だから、それを常に打ち消しながら、やろうとしていました。

そんな自分に落ち込んだこともあります。

「どうしてオレは、自分のことを考えてしまうのか」

だから、現役時代、できていたとは思いません。しなければいけないから、そうしていた、というところが大きかったと思います。

しかし、ファイターズの監督になってチームを預かったとき、「チームを勝たせる」と本気で考えたら、自分のことなんて頭になくなっていきました。一人ひとりの特徴をいかに活かすか。全員が頑張る環境をどう作っていけるか。

ただ、チームを勝たせようと思ったとき、僕のような実績も何もなく、ダメな選手だった人間の話を本当に聞いてくれるのかと思いました。当時は本当に選手たちが怖かった。

ファイターズは当時、強いチームでした。2009年に優勝し、ずっと上位を争って、僕が監督になる前年の2011年も優勝争いをしていたのです。

だから、そんな選手たちがどう思うのかを考えたとき、とにかくチームを勝たせることこそが、説得力だと僕は思いました。そしてチームを勝たせるには、一人ひとりのことを思うしかありませんでした。もし、自分のことなどが入り込んだら、それは絶対にできないと思いました。

選手に向き合うことを100パーセント自分がやり切ったとき、もしかしたら選手が少し、僕のほうを向いてくれるかもしれない。何かを感じてもらえるかもしれない。そのためには、生き様こそが問われていると思ったのです。

それは勝負のためであり、勝負勘に必要なものであり、僕自身はとにかく必死でした。

自分のことを優先しない、という点では「無私」という考え方と言えるかもしれません。ただ、無私は自分を捨てていることを意味するわけではありません。

考えたり、決断をしたりするときに、**自分にとってプラスかマイナスかをその根拠にしない**。そういう発想を一切、捨てるということです。

そして、僕が改めて感じるようになったのは、自分にとってのいい悪いというのは、何かを判断するときには、むしろ逆に作用してしまうケースが少なくないということでした。

だから、目的を果たすためには、自分にとってのいい悪いという要素を捨て去ってしまったほうがいいのです。違う言い方をすれば、やるべきことだけに集中する。それに対して、正しいか、間違っているかを判断するのです。

実績がなかったからこそ、ここに気づけた

ファイターズの監督時代、僕が持っていた、たった一つの判断基準は、先にも紹介したように「選手のためになるかならないか」でした。これは、普段からずっと言い続けていました。なぜなら、これこそが、**勝つための法則**だと思ったからです。

勝つためにやるべきことはたくさんある。選手を育てるためにやるべきこともたくさんある。そんな中で、迷うことはないのか、と問われることもありましたが、選手のためにやり尽くすだけで、チームは勝ちに近づくと僕は思っていました。これこそ

が、僕の監督としての結論だったのです。

会社や組織でも、同じだと思っています。本当に一人ひとりの社員のためになると思えることをやったほうがいい。結果が出ていたとしても、いい加減にやっていたとしたら、その人のためにもならない。

会社のためというよりも、その人のために「それはダメなんですよ」と言わなければいけないのです。

どんな形がいいのかは、そのときどきの判断だと思いますが、そう伝えてあげることによって、その人のためになる。また、それは会社のためにもなるのです。**一人ひとりの能力を引き出してあげられれば当然、組織は結果を出しやすい**でしょう。

大事なことは、本当にその判断が、その人のためになるか、ということです。そうであれば、甘やかすこともない。絶対に、あるべき方向に行かせようと考える。そこに、しっかり気持ちが入っているか、です。

ちゃんとやっていなかったとしたら、個人的な感情を捨てて、指導者として言うべきことを言わなければいけません。

こういうことに気づけたのは、僕に能力も実績もなかったからだと思っています。だから、自分がやっていることが本当に正しいかどうかをいつも確認してきました。

身体が感じることをなんとなくやっていく、ということはなかったのです。

これは大丈夫なのか、という確認を自分の中でしていかなければならなかった。その確認の一つが、「無私」でした。それを常に確認する。これでチームは大丈夫かな、この言葉を聞いて選手はどう思うのかな、を確認する。それをずっとやっていました。

翔平みたいなスタープレーヤーになりたくなかった、と言えば嘘になります。でも、野球がヘタクソだったのが、むしろ良かったのだと今は思っています。

第6章 神様に生き様を認めてもらう

日常の小さな積み重ねで、運をコントロールする

ファイターズの監督をしていた2016年、先にもご紹介したように、11・5ゲーム差をひっくり返してパ・リーグを制覇し、日本シリーズも勝ち抜き、日本一になりました。

振り返ってみても、あのときのソフトバンクとの11・5ゲーム差をひっくり返すのは、並大抵のことではなかったと思っています。ファイターズはあの年、球団記録の15連勝をして、一つ負けたあとに5連勝するのです。これで一気に貯金が増えていったわけですが、普通、こんなことは起こらない。では、なぜ起こったのか。

僕が感じたのは、「あなたたちは、優勝していいですよ」という神様からのメッセージでした。

「今年のあなたたちなら、優勝してもいい」

問われているのは、それだけのことをやったのか、でした。神様に、「優勝しても

いい」と言われるくらいの生き様を見せられたのか、ということです。

結局、監督というのは、それを先頭に立ってやる仕事なのだと思うようになっていきました。あとは、選手たちが勝手にやってくれるのです。

では、生き様とは何か。これこそ、生きている間の時間のすべてでした。挨拶ひとつ、返事ひとつ、片付けひとつから始まる**日々の営みすべて**です。誰かに嫌な思いをさせていないか。きちんと、やるべき努力をしたか。良い行いをしているか。正しく生きているか。

こうした日常の小さな積み重ねが足し算になり、プラスが大きくなっていく。もとより**一人ひとりの日々の行いが、良い世の中を作っていく**のです。だから、神様に認めてもらえる。

日本人は昔から、こうした考えをとても大切にしていたのだと思うのです。目の前の結果だけでなく、日頃の生き方を含めて評価される。そう思えば、生活を律することができます。みんなが律することで、みんなで心地良く生きていくことができる。

良い生き方をしようとする。助け合って、生きていこうとする。それによって、幸せになれる人が増える。

「こういうふうにやっていたら、きっといいことが来るんだよ」と昔の人は、教えてくれていたのだと思うのです。だから、みんなちゃんとした生き様で生きようとした し、頑張れた。悲しいことがあっても、簡単に崩れてはいけないと考えられた。前を向けた。

生き様をしっかりすることで、人生は充実するのです。誰かの痛みを和らげることができたりもする。僕は、それは今もとても大事なことだと思っています。

そしてプロ野球は、その価値を示す責任があるような気がしていたのです。なぜなら、多くの人が注目するスポーツだから。その価値を人々に送り届けるためにプロ野球があるのだとしたら、僕たちも頑張れる。そして、見ている人たちも応援しようという気になると思ったのです。

「慎独《しんどく》」を意識する

僕は父親に厳しくしつけられたこともあって、「生き様こそが問われるのではないか」という思いを、なんとなく持つようになっていきました。「人こそが大事だ」というノーラン・ライアンのインタビューにも後押しを受けましたが、それが確信に近づいたのは、ファイターズの監督になってからでした。

こういうときは、こんなふうに動かしたら野球の流れは変わるはず、といったセオリー通りにしているのに、それがまったく通じなかったりするのです。次第に、もしかしたら監督としてそこにいる自分こそが問われているのではないか、と気づいていきました。

以来、意識をし始めたのが、「慎独」でした。誰も見ていない一人のときでも身を慎むという意味の、儒教の言葉です。どんな態度で生きているか。どんな考えで、生活しているか。どんな姿でテレビを観ているか……。24時間、誰かが見ている、と考えるのです。

野球は運が左右するところがあるのは、事実です。例えば、本当は低めにフォークボールをワンバウンドで投げようとしたのに、高めに抜けてしまった。ところが、バッターもそれを想像していなかったので、ストライクになって見逃し三振になった。

これこそ、たしかに運ですが、僕はその運をコントロールしたいと思いました。コントロールできないかもしれないけれど、選手のためになんとかしてあげたいと思ったのです。**運さえもコントロールできるほどの努力をすればいい**のではないか。運さえもコントロールできるほどの生き方はできないものか。

運が左右される要因を見つけなければいけないと思ったのです。

偶然なのかもしれないけれど、何かがどこかにつながっているかもしれない。その可能性があるのであれば、そこに向かわないといけない。僕はそう考えていました。

一方で選手にも、こんなふうに言っていたことがあります。

「あんな挨拶の仕方をしていたり、練習前のダッシュで気持ちを抜いていたりしたら、結果が出る以前の問題だよ。そんなことをしていて、神様が応援してくれると思う？」

そうはいっても、もしかしたら神様は、野球では応援してくれないかもしれない。しかし、正しい生き方がいつもできていたら、例えば親になったときに、子どもたちにとっていい親になれる。子どもは親を見て育つからです。

選手によっては、「そんなことはない」と思っていたかもしれません。でも、正しいことをやることが、間違っているということはありません。だから、誰かが言わなければいけないと僕は思っていました。そうでなければ、どんどんおかしな方向に向かってしまいかねないのです。

自分も幸せになれるし、救われる

本当にそうなのか、ということは気にしなくていいと思っていました。僕がそう思いたいというだけです。だから、選手がどう思ったとしても、僕は言い続けました。

僕の勝手な理論です。

「人間って、そんなにきれいなものではない。世の中って、そんな素敵なものではない」

こんなふうに言う人もたくさんいるかもしれませんが、僕はそうは思いません。そうは思わないから、自分が頑張れる。それだけの話なのかもしれません。

野球の世界はそうでも、経営の世界はそうではない、と感じる人もいるでしょう。経営はそんなものではない、と言われるかもしれない。でも、僕は人として、信じたいのです。神様が手伝ってくれるところまで、やり切ったのか、と問うてみるべきだと思うのです。

求められていることは、そんなに難しいことではありません。昔、おばあちゃんが言っていたような「嘘をつかない」「人を思いやる」「苦しくなっても、誰かのために頑張る」でいい。すごくシンプルな、人間として当たり前のことです。でも、これをみんなが守ったら、きっとみんながもっと前に進めると思うのです。

僕たちは、数千年にわたって生きてきた先輩たちのおかげで、ここにいます。先輩たちが残してくれた大事なことを、次の数千年に向かってしっかり伝えていかないといけないと思うのです。

北海道で生活していると、雪かきの労力がわかります。暖かくなったら溶ける。だから、雪かきは無駄な労力に思える。でも、しておかないと、ケガをする人が出てくるかもしれない。歩けなくて困る人も出る。だからやるべきだ、と思ったら、頑張れる。

物事とは、そういうことなのだと僕は思っています。どうしてこれをやらないといけないのか。自分の中での根拠さえあれば、頑張れるのです。だから、プロ野球の監督として、それを選手たちに作ってあげたかった。

他人事にせず、自分でやれば、みんなが助かるのです。自分さえ良ければいい、という考え方もありますが、みんなが良ければ、しかもそれを自分が支援できれば、より自分も幸せになれるし、救われる。そう思うのです。

本当はみんな、善意に触れたい

「正直者がバカを見る」という言葉があります。でも、僕はそれでいいと思っています。**嘘をついてバカを見ないよりも、正直でいてバカを見たほうがいい**。とりわけ今は、そういう時代が来ている気がします。

きれいごとを言っているように聞こえるかもしれません。しかし、ではなぜ、大谷翔平がゴミを拾うことが、アメリカでも日本でも、これほど評価され、話題になるのでしょうか。正しいことだけれど、誰もやらないから、ではないでしょうか。

一つ、印象深いことがありました。2023年の夏の甲子園、高校野球で僕は始球式をやらせてもらったのです。満員の球場のマウンドに立つ。大学時代まではピッチャーでしたが、ものすごく緊張しました。

そして、投げ終わった後、キャッチャーやピッチャーと握手をしたのですが、立っていた相手チームのバッターも僕のほうに向かってきて、挨拶をしたそうな様子だったので、僕は退場する足を止めて、「頑張ってね」と声をかけたのです。

この始球式で、最も大きな声援と拍手をもらったのが、このときでした。足を止め、選手を励ましたこと。僕は思いました。甲子園に来る人たちというのは、みんなこうした善意に触れたいのではないか、と。

日本人にとって、高校野球は特別な存在です。野球をやる人も、やらない人も、応援するのです。全力で守備に走っていく姿に感動し、フェアプレーに感動する。力一杯、戦って、負けた選手の涙にも、勝った選手の涙にも感動する。

ああ、こうありたいな、と思わせてくれる何かが、甲子園の高校野球にはある。そこにあるものは、何か。それは善意なのではないかと、僕は思いました。

善意を感じたい。善意に触れたい。自分も善意に関わりたい。「それ、いいことですよ」と思える自分に触れたいのだと感じたのです。

ところが、普段の生活の中では、懸命に生きているから善意を出せる余裕がない。だから、甲子園があるのか、と僕は思ったのでした。

善意を感じたくて、善意に触れたくて、あれだけの人が球場に足を運び、テレビを観る。それが、いい経験になると知っているから。うれしい経験だから。

僕は「お前が言うのは、きれいごとだ」とよく言われます。でも、絶対にきれいごとで通してやる、と改めて思ったのでした。余計に。なぜなら、**実はみんなきれいごとに触れたい**から。本当はそうだと思うのです。

だとすれば、善意を出したほうがいい、善意を求めたほうがいいのです。

「私」が消えると奇跡は起こる

巨人の監督を務めた藤田元司《ふじたもとし》さんが残された、こんな言葉があります。

「過程は大事だ。だが、結果がすべてだ」

人の思いも理解し、さまざまな意図を汲み、しっかりとしたプロセスで何かに取り組んだとする。もし、それで結果が出なかったとしても、いいプロセスさえ踏んでいれば、その人は成長する。結果も何らかの形で必ずどこかでついてくる。いずれ、た だ、プロ野球はやっぱり結果を出さないといけない、というのが藤田さんの言葉です。やり方が正しくても、結果が出なければいけないということです。ちゃんとしたプロセスを踏むだけではなく、さらに上のレベルを求められる仕事なのだと僕は捉えました。

一方で、やはり「過程は大事だ」が先なのです。結果がすべて、だけではない。過程を大事にしなければならない。それは前提でなければならない。プラス、結果だということです。

勝つことは大事なことです。しかし**勝つことだけを目指したら、大事なところが抜けてしまう**可能性がある。今の時代は、特にそういう傾向が強い印象があります。

「勝ちに不思議の勝ちあり、負けに不思議の負けなし」という言葉はすでに紹介しています。『剣談』中の言葉ですが、剣を戦わせていた時代は、命が懸かっていました。命のやりとりをしていた人たちが最も大事にしていたのが、この言葉だったのだと思います。

勝つときには偶然、勝つことがあるけれど、負けるときには必ず根拠がある。命をとられないために、このことを理解していなければいけなかった。やっぱりプロセス、過程が大事だと言っているのだと思うのです。

そして過程が突き抜けたものになったとき、揺るぎない結果が次々に出てくることがあります。プロ野球のペナントレースで圧倒的な強さを誇って何連勝もしたり、甲子園の高校野球で、まったく負ける気がしない野球をしたり。

過程がある程度のところまで来ると、プロ野球でも高校野球でも、もはや監督は何もしていなくてもいいのではないかと僕は思っています。選手たちはプロセスにギュッと入り込み、心がきれいになっていくからです。そこでは、「私」が消えていくのです。

いい方向に向かうとき、持っている魂という玉が、きれいに磨かれた状態になっていくのです。誰かのために、何かのために、チームのために、ファンのために……。そんな感覚で「私」が消えていく。

もちろん、そこまで持っていく監督の凄みはあります。言葉や行動で、正しい方向に持っていった。正しいプロセスを踏んだ。だから、神様は認めてくれ、勝利という結果を手にできた。

WBCを見ていたファンの方から、「どの試合も、負ける気がしなかった」と言われたことがあります。僕も負ける気はしませんでした。でも、勝つ気もしなかった。勝てるとも思っていなかった。負けるとも思っていないのに、です。おかしな欲が、なくなっていたのだと思います。

選手たちも同じように見えたのだと思います。勝ち負けではなく、やるべきことをやれば、結果は別物で必ずついてくる、くらいの状況にあった。

渋沢栄一は晩年、こんな意味の言葉を残しています。

「**成功や失敗は頑張った後の残りカスのようなもの**だから、気にするな」

選手たちも、そして僕も、こんな思いでWBCを戦っていたのです。

目先のことより、その先の大きな喜びを選ぶ

翔平に驚かされるのは、独自の考え方がはっきりあることです。例えば、打ったり投げたりする練習を、途中でやめてしまうことがある。自分がイメージしているものと、あまりに違う動きになっていることに気づくと、やめてしまうのです。

もし、そのまま練習を続けると、おかしな動きがそのままクセになってしまいかねない。悪いフォームになってしまうということだと思います。昔は、それを直すための練習をしたり、バットを振ったりしたものですが、翔平はやらない。

一方で、筋肉を鍛えるトレーニングだけはやめなかった。シーズンに入って遠征に出ていたとしても、朝10時になると必ずリュックサックを背負ってトレーニングに行っていました。僕は一緒に行くわけではないので、トレーナーに話を聞きました。

それこそ、その日も試合があるし、前日までの試合で身体の疲れもある。だから、トレーニングを休んだほうがいいのでは、とトレーナーが言っても、本人は聞かない。

「今日、仮に身体が疲れてしまっていたとしても、試合では何とかします。今日の試合のこと以上に、僕には今やっておかないといけないことがあるんですと言うのです。

翔平の頭の中にあるのは、「今じゃない」ということでした。「今のためではなく、将来こういうプレーヤーになるために、今やっておかなければならないことがある。だから、今やる」。こんな発想をする選手は、トレーナーも見たことがないと言っていました。

大事なことは、もっと先にある。なかなか常人には、理解ができないことかもしれません。

おそらく翔平の中には、大リーグでホームラン王になった今のバッティングのイメージや、投球のイメージがすでにあったのだと思います。もしかしたら、今はそれ以上になっているのかもしれませんが。

最近のインタビューでは、「僕には時間がない」という話をしていました。

「自分自身も年を重ねて、野球人生も中盤に差し掛かっている。ここから先、多くの時間があるわけではない。本当に無駄にしないように、悔いの残らないように毎日頑張りたい」

まだ20代で、将来は開けていくはずなのに、これが翔平の感覚なのです。トレーニングを含めて、もっとやりたいことがあるのに時間がないと言っていたのです。

一般的な選手の本能は、「今日の試合で結果を出したい」でしょう。しかし、それを超越して、「今ではない」と言い切って、トレーニングをやり切ってしまう。これが、翔平なのです。

「大谷ルール」はいらなかった

翔平を見ていて、思ったことがありました。ストイックに身体を鍛え、練習し、外出もしないし、遊びにも行かない。しかし、それは彼が生活を律しているのではない、と僕は感じていました。

自分のやりたいことの優先順位の問題です。

「そんなことをやっている時間があるんだったら、これをやってもっとうまくなりたい」

そういうイメージがはっきりしているのだと思うのです。おそらく、ですが。だから、「律している?」と問われたら「え?」となると思います。

みんなで食事をしたり、お酒を飲んだり、女の子と騒いだりする一瞬の楽しさよりも、スタジアムに来ている5万人が「すごい」と驚いたり、喜んでくれるプレーができる。翔平が目指しているのは、それなのです。

入団後、翔平は外出時の「大谷ルール」でも有名になりました。外出は許可制。門限も設ける。二刀流をやるのであれば、どうしても練習で身体に負荷がかかる。翔平の出身校、花巻東高校の佐々木監督も心配されていました。だから、**休む時間をしっかり取らせる**ことが、「大谷ルール」のもともとの発想でした。

実は、何人かの選手にも同じようなルールを作りましたが、最後までルールを守り切ったのは、翔平だけでした。

外出するときには、僕に直接、連絡をする。例えば、誰と食事に出るのか、知らせる。結局、僕は一度もダメ出しをしたことはありませんでした。僕が心配していたのは、「ちょっと大谷くんを連れてきて」と言われた、などと他の選手からの誘いが来ることでした。

超スーパースターになろうとしている翔平に会いたい人は多い。しかし、それをすべて許していたら、間違いなくおかしくなると思いました。ただ、本当に行きたいのであれば、行っても構わないと思っていました。翔平が憧れの選手と食事をするのもいい。

今も覚えていますが、2年目の7月、仙台で完投勝利をした夜、翔平から連絡が来たのでした。試合後の遅い時間でした。

「監督、お疲れさまでした。今日、花巻東時代のキャプテンが仙台に来ているんですが、ちょっと飯、食べに行っていいですか」

僕が「どうぞどうぞ、ゆっくり食べてきなさい」と伝えると、「ちなみに、門限って何時ですか?」という返事が来ました。実は2年目の夏まで、翔平は門限を知らなかったのです。**門限が必要なかったから、門限という発想もなかった。**

門限はあったと思いますが、僕は返信しました。

「門限あるけど、気にしなくていいから、ゆっくり食べてきなさい」

改めてルールなんて、どうでもいいのだと思いました。翔平にとっては、あってもなくても、どっちでもよかった。あろうがなかろうが、本人の問題だったのです。

やるべきことを全部やったら、神様は味方する

WBCの決勝戦最終回。翔平がトラウトを空振り三振で打ち取り、マウンドから降りるときに帽子を放り投げたシーンは、実はテレビで初めて見ました。僕はベンチから、トラウトだけを見ていたからです。

改めて、翔平はカッコいいと思いました。こいつ、カッコいいな、と思わざるを得ませんでした。それはもう、日本中が熱狂したわけです。日本の野球を、本当に盛り上げてくれました。

翔平にとってWBCが何だったのか、というのは、僕にはわかりません。ただ、翔平の野球選手としての流れや、日本野球としての流れから考えれば、一つの大きな物語の完成だったのだと僕は思っています。

後に僕はノートに、「物語が完成した」と書いたのを覚えています。世界一の選手になると決めた翔平。世界に出すのだと決めた僕。高校卒業後に預かってからの、一

つの物語の終わりだったのだと僕は思いました。

ただ、もしかしたら彼にとっては、これがスタートだったのかもしれません。本当に、ひたすら好きなことをこれからやり始めるのです。

彼が本当はどう思っているのかはわかりません。翔平にとって、WBC優勝が何か意味を持つのであれば、うれしいなと思っています。

先発ピッチャーとして投げ、全試合にバッターとして出場し、最後の試合ではクローザーを務める。あの登場の仕方も、まさにロマンのある物語でした。それに応えられる翔平を本当にすごいと思いました。

あれ以上のことは、もはやない

僕は監督として采配をとりましたが、僕が決めたのではなく、決まっていたのではないかと思っています。野球の神様が、すでに決めていたのです。

僕自身は、負けたら終わりという、あの強烈なプレッシャーの中でのワクワク感を忘れることができません。あれ以上のことは、もはやない、と思いました。もし負けたら、日本中を敵に回すことになる。そんな勝負をしていたのです。

ストレスもあったのかもしれませんが、あれほど楽しかったことはありませんでした。一つひとつの試合に行き着くまでの準備、戦略構築。スタッフとのコミュニケーション。どの選手に何をどのように伝えるのがいいか……。いろんなことを考えるのも楽しかった。

その意味では、僕の人生も面白い人生だと思います。まるで翔平のために神様から遣わされているのではないか、と思うところもありますが。ここまで勉強させられることになるのか、とも。ただ、WBC以降も、日本中を笑顔にしてくれたのが、翔平です。そこにも、意味があったのだと思っています。

思い続けたら、行動が変わる

どうして侍ジャパンは勝てたのか。やるべきことをとにかくやった。僕の中では、そのご褒美だったのだと思っています。

WBCの日本代表監督を引き受けたときも、僕の頭の中にはぼんやり映像が浮かんでいたことはすでに書きました。翔平がマウンドでガッツポーズしている姿です。

そうなってほしいと思っていたし、勝つだろうな、そうなるだろうな、とは思っていました。しかし、これが1年半もの時間で、だんだんだんだんはっきりとした映像になって現れていったのです。まさにカラー映像になっていった。

実際、戦略としても、準々決勝で翔平が投げ、佐々木朗希《ささきろうき》と山本由伸《やまもとよしのぶ》を準決勝に使うわけですから、決勝はもう誰も当てはめられなかった。

実際にはコーチ陣とも議論になりました。決勝まで誰か置いておかなくていいのか、と。しかし、決勝まで行ったらなんとでもなると思っていました。あのスケジュールだと、最後に長く投げられるピッチャーがいるとは思えなかった。

疲れ切っているので、継投しかない。短くつないで最後は誰か、プレッシャーに勝てる人たちが最後に投げる。それしか勝つイメージはなかった。

こうなってほしい、と普通は思います。しかし、絵を自分の中で浮かべるというより、勝手に絵のほうから浮かんでくるという感じでした。最後こうなるのか、ならばその方向に行かなきゃいけないんだな、と思っていました。

強く思う。願い念じる。それが大事なのです。稲盛和夫さんは著書で「**カラー映像で見えてくるまで思い続けよ**」と書かれていました。思い続けたら何が起きるのかというと、行動が変わるのです。

リーダーは時に非情にならないといけない

会わないといけない人にはとにかく会いました。日本代表監督を務めたことのある長嶋茂雄さん、王貞治さんにももちろん会いに行きましたし、高校野球でもPL学園の中村順司《なかむらじゅんじ》元監督、横浜高校の小倉清一郎《おぐらきよいちろう》元部長。都市対抗野球の東京ガス、山口《やまぐち》太輔《たいすけ》前監督、ラグビーの帝京大学、岩出雅之《いわでまさゆき》前監督にも会いに行きました。

短期決戦のトーナメントは、やっぱり野球のペナントレースや日本シリーズとはまったく違いますから、お話を聞いてみたかった。他にも、野球以外で日本のために尽くした人たちにも会いに行きました。それは、ファイターズ監督時代から続けていたことでした。

「小善は大悪に似たり」という言葉は、ファイターズ時代の最後の3年間ずっとボードに書いていたことでしたが、侍ジャパンでもこの思いは持っていました。リーダーは時に非情にならないといけない。本当の愛情とは何か、考えないといけない。人に嫌われることを恐れてはいけない、と。

侍ジャパンの選手たちには、合宿の初日、全員の部屋に僕が書いた手紙を置いていました。「チームがジャパンなんじゃなくて、あなた自身が日本代表そのものなんだ」と伝えたかった。

できることをやらなかったら勝てない

やり尽くすべきことは、やり尽くしていく、ということを意識していました。ほんのちょっとでもやり残したことがあったり、僕ができることをやらなかったりしたら勝てないと思っていたからです。そういうときに勝利の女神は背を向けるのです。

プレー中もそうでした。翔平が最後にマウンドに上がる前の8回裏、2アウトから打者の源田がサードゴロに打ち取られたのですが、この一塁アウトの判定について、僕は「チャレンジ」をしています。ビデオによるリプレー検証を要求した。

アウトだとわかっていました。でも、もしかしたら映像的にセーフという可能性があるなら、チャレンジの権利は残っていたし、やらないといけない、と。それをしない自分は、負けさせる可能性があると思ったのです。

チャレンジに出ていったとき、翔平がブルペンから出てくるのが見えました。戸惑って、足を止めました。翔平のために時間稼ぎで僕がチャレンジした、なんてことも言われたりしたのですが、違います。

逆です。「翔平待っててくれ、悪い悪い。ちょっとタイミングがずれちゃうかもしれないけど、この勝負だけはやり尽くさないと絶対勝てないから、ちょっと待っててくれ」という思いだったのです。

だから、ワクワクした自分と、やるべきことを冷静にやり尽くす自分が2人確実にいて、そこは淡々とすべてのことを網羅していくという感じでした。ワクワクだけど冷静。それこそ、いわゆるゾーンに入っていたのかもしれないです。

監督は、考えるスピードが問われるのです。もちろん、さまざまなシミュレーションもしていますが、急にシチュエーションが変わって、準備していた以上のことが起きたりするのが野球です。10分もらえたら答えは出せるかもしれないけど、そんなに時間はない。30秒で答えを出さないといけない。ここが一番、難しいところです。そこで、パッと答えが出せるかどうか。

それこそ、ここで神様が大事なことを教えてくれるようなときがある。どうしてあんな判断を、と人に言われたりしますが、監督をやると本当に神様論になることがあるのです。

僕がいくらやってもできないことを、神様が与えてくれたとしか思えなかった。だから、準備が、日頃の生き方が、生き様が必要になる、ということなのだと思っています。神様はそれを見ているのだ、と。

頑張っても勝てないとき、周囲に共感してもらえないときは結局、生き様が認められていない、ということだと思うのです。

次の若い世代が経験をしていくべき

実は、勝った瞬間、「よっしゃー！」と言っていたようです。それでコーチにハイタッチしていた。ただ、僕は記憶がありません。その後、選手もコーチもみんな本当に喜んでいるのを見て、とてもうれしくなったのを覚えています。

勝ったときというのは、意外と大きな感情は湧かないのです。僕はとても淡々としています。ファイターズで日本一になったときもそうでした。涙も出てこない。苦しさを超えてしまい、感動も超えてしまっているのです。

だから、よかったなぁ、みんなよかった、と思ったのと、ありがとう、本当に頑張ったね、という感じだけでした。負けるときは理由がはっきりわかるのですが、勝ちは不思議な勝ちもありますから。

自分のやってきたことは何だったのか、この大会が何だったのかも、正直よくわからないような不思議な感じでした。

ただ、ものすごく勉強になったし、いい経験にもなったので、これはやっぱり次の若い世代がどんどんこういうものを経験すべきだと思いました。それが、野球界にとっては、大きなプラスになる、と。それが、代表監督を退任した理由です。

偉大な先人たちは言われます。出処進退ははっきりせよ、と。稲盛さんも京セラ社長を早い段階で潔く退かれています。みんなが早いと思うタイミングが大事だと思っています。いろいろ考えましたが、やはり先輩方の教えが大きいです。

この先は、新しい道に挑みます。

人に夢を持ちなさい、誰も歩いたことのない道を歩け、と言ってきたのに、僕がそれをやらないわけにはいかない、と思っています。

僕が信じて進む道

2023年も暮れになって、アメリカからビッグニュースが飛び込んできました。翔平のロサンゼルス・ドジャースへの移籍です。10年で7億ドル、日本円では1000億円を超えるという、世界のプロスポーツ史上、最高額での契約となりました。

もちろん翔平にはいろいろな考えがあったのだと思いますが、これほどの大きな契約になったのは、翔平が自分一人のことだけを考えたのではなかったからと僕は感じています。

日本のプロ野球を、アジアのプロ野球を、またアメリカ以外の国の野球を、もちろんアメリカのメジャーリーグのことも強く意識しながら、何に自分が役立てるのかを考えて、最終的な決断をしたのではないかと思うのです。

翔平らしいな、と思いました。そして同時に、僕たちがファイターズから送り出した選手が、これだけの評価を受けたことは、僕たちにとっても、うれしいことでした。

翔平は、これからが勝負です。10年という安定した契約の中、本当の意味で自分が好きな野球を思い切りできる。その環境を手に入れたのです。

さあ、大谷翔平伝説の本当の始まり。何を見せてくれるか。僕自身も、とてもワクワクしています。

できるできない、ではない

僕は次のステージとして、ファイターズのフロントに入りました。実はWBCが終わったときから、話をしていました。ファイターズで、やってみたい夢があったからです。

役割は、GMの仕事をしながら、球団の運営も担う、これまでになかった新しいポジションの仕事です。チーフ・ベースボール・オフィサー（CBO）という、野球に特化した仕事。実は監督のとき以上に忙しくなりそうです。

これから僕は、翔平とはまた別の、みんなが見たいと熱望する選手を日本の球界で育ててみたいと思っています。野球の常識を打ち破るような選手、たとえば、野球とは関係ないスポーツのトップから転向する選手や、漫画『野球狂の詩』に登場する女性初のプロ野球選手・水原勇気みたいな選手だってありえるかもしれない。みんなが驚いて、野球を見るのがますます楽しくなる、そんな選手が育てられたらと思っています。

また、女子野球にも力を入れていきたいし、子どもたちや若い世代に直接、役に立てる施設やエリアも作っていきたい。

できるできない、ではないのです。

ただ、まずは最初に思うことが重要です。それは理解ができたので、思うことにします。**こうしたい、こうなるんだというイメージを持つ**。だって、そこからすべては始まるのですから。思いが、呼び寄せてくれるのです。

プロ野球選手なんて無理だ、と言われたけれど、僕はプロ野球選手になった。監督なんて、ありえないと思っていたけど、監督になった。それが僕です。

もちろん、今まで苦しいこともたくさんありました。ただ、振り返ってみれば、**その苦しみこそ、楽しみだった**のかもしれません。

何かが達成できたとしても、一瞬です。だからこそ、それまでの過程が、どれだけ充実していたかが、問われてくるのです。たとえ、どんなに苦しくても。なぜなら、苦しいからこそ、見えてくること、気づけることがたくさんあるからです。

人生も同じです。実は**苦しいときこそ、ものすごく充実している**のです。そして、一瞬の喜びも、それだけ大きくなる。

僕の人生も、うまくいかないこと、苦しいことがいっぱいでした。これから進んでいく道にも、様々なことが待ち受けているでしょう。でも、だからこそ人生は充実するのかもしれない。今は、そう思っています。

おわりに

歴代総理のご意見番と言われた安岡正篤《やすおかまさひろ》さんは、こんな言葉を残しています。

「有名無力　無名有力」

有名になってはいけないということです。WBCで世界一になり、日本に帰国してから、その意味がわかるようになっていきました。

忙しいという言葉は、心が亡《ほろ》ぶと書きます。有名になれば、忙しくならざるを得ない。そうすると、心が亡ぶリスクが高まるということです。

やることが雑になっていく。自分の体裁を考えてしまうようになる。真心が消えやすくなっていく。

勘違いをしないように、勘違いをしないように、と自分では言い聞かせていましたが、これほど人に褒められたことはありませんでした。喜んでもらえているることはうれしい。しかし、忘れてはいけないのは、僕が喜ばれているわけ

ではなくて、ＷＢＣの野球の内容に感動してもらえた、ということです。それは、翔平だったり、ダルビッシュだったり、村上だったり、選手たちのおかげでそうなっているというだけの話なのです。

ところが、多くの人は、僕の話に耳を傾けてくださる。本当は、僕が人の話を聞かなければいけないのです。僕の仕事は、人の話を聞くことなのです。なのに、聞かれて話しているうちに、なんだか偉そうになっていくのではないか。それは、とても怖いことでした。

もしかしたら、「なんだか偉そうだな」と思われた人もおられるかもしれません。慌ただしい日々の中、たくさん反省もしました。

もっと丁寧に応じることができたのではないか。バタバタしていて、ちゃんと挨拶ができなかったのではないか。ゆっくり話をしてあげるべきだったのでは……。そんなふうに日々、思っていました。

やさしい人が多いので、思っていても声に出されたりしない。でも、ちゃんと対応する責任が僕にはありました。もし、できていなかったなら申し訳ありません。この場を借りて、お詫びを申し上げます。

ただ、僕の経験がほんの少しでも、読者の皆さんの誰かの役に立つのならこんなに嬉しいことはありません。

人を信じて、心の底から信じ抜いて共に前に進むことは、どれだけ己の心の中に穏やかさ、嬉しさ、喜びを与えてくれることか。

どんな結果だとしても、その真実の思いは必ず相手に伝わっていきます。それは時間がかかるかもしれない、それこそ自分がいなくなってからかもしれない。ただ、その本物の真心はいつか必ず力を与えてくれます。そう思えるなら、こんなに幸せなことはないはずです。

そんなきれいごとで世の中、渡れないと言われるかもしれない。それでもいいじゃないですか！

自分の真心を示す、これ以上素敵な生き方はないと思っています。

私がここまでで学んだ大切な宝物です。

知っていることとできることは違います。

私もまた明日から、全精力をかけて話を聞いて、心の底から信じ切ることを大切に全力疾走していきます。

人が大きく成長する時、誰かの信じ切る力が私は必要だと思っています。

ここまでお付き合いいただき、本当にありがとうございました。

2024年1月　栗山英樹

編集協力　上阪 徹
写真　塚田亮平
ブックデザイン　鈴木成一デザイン室
協力　北海道日本ハムファイターズ

栗山英樹（Hideki Kuriyama）

一九六一年生まれ。東京都出身。創価高校、東京学芸大学を経て、一九八四年にドラフト外で内野手としてヤクルトスワローズに入団。一九八九年にはゴールデン・グラブ賞を獲得するなど活躍したが、一九九〇年に怪我や病気が重なり引退。引退後はスポーツキャスター、野球解説者に転身した。二〇一一年一一月、北海道日本ハムファイターズの監督に就任。翌年、監督一年目でパ・リーグ制覇。二〇一六年には二度目のリーグ制覇、そして日本一に導いた。二〇二一年までファイターズの監督を一〇年務めた後、二〇二二年から日本代表監督に就任。二〇二三年三月のWBCでは、決勝で米国を破り世界一に輝いた。二〇二四年から、ファイターズ最高責任者であるチーフ・ベースボール・オフィサー（CBO）を務める。

信《しん》じ切《き》る力《ちから》

生《い》き方《かた》で運《うん》をコントロールする50の心《こころ》がけ

二〇二四年三月二一日　第一刷発行

著者　栗《くり》山《やま》英樹《ひでき》

発行者　清田則子

発行所　株式会社　講談社
東京都文京区音羽二-一二-二一　郵便番号一一二-八〇〇一
電話　編集　〇三-五三九五-三八一四
販売　〇三-五三九五-三六〇六
業務　〇三-五三九五-三六一五

印刷所　大日本印刷株式会社

製本所　株式会社国宝社

ISBN978-4-06-535339-4

KODANSHA